「遺《のこ》された者こそ喰《く》らえ」とトォン師は言った

タイ山岳民族カレンの村で

吉田清

晶文社

目次

ソボムヘッド村
村の案内板
わが麺屋
水牛のふんストリート
町へ→
教会
イベント広場
雑貨屋
女房メーヨム
旦那イーッ
バナナ畑
崖
N
E
W
S

小学校分校
村長
公共の水場
次女姉 甥ジョー(兄)
甥ドー(弟)
同級生スージャ
旦那ニコダン
公共の水場
公民館
太っちょ氏(弟)
従兄
マンジョー
副村長
ミスターOK
友人ウーポー
(姉)
従兄ベッ
霊医師プーノイ
従姉メースアイ(女房)
私 クンター 嫁ラー
三男ポー

地図作成★塚本やすし

序章　遺《のこ》された者こそ喰《く》らえ

お尋ねの、人の生き死ににについて、ちと話をさせてもらおうか。

あんたにもきっと覚えがあると思うが、人間というものはどうにも厄介な生きもんでなあ。たとえ、最愛の人を奪われて魂がちぎれそうになっているときにすら、腹が減るようにできておる。情けないことには、噴き出す涙と一緒に屁も出るし糞も出る。

これは、儂《わし》みたいに長年タイの山の中でいくら修行してもどうにもならん。

それはな、乱暴に言ってしまえば天上の仏とその膝元に昇った最愛の人の霊がな、「生きよ、生きよ」と励ましてくれている証拠なんじゃよ。

だからな、何がなんでも飯だけは喰わねばならん。


だって、そうじゃろ。

逝った父や夫や息子や兄弟は、なんのためにあんなに懸命に働いてきた?

それは、家族に飯を喰わせるためじゃろが。

逝った母や妻や娘や姉妹は、なんのために朝からコマネズミのように動き回ってきた?

それは、家族に飯を喰わせるためじゃろが。

生まれたばかりの赤ん坊だって、誰が教えずとも必死におっぱいに喰らいつくわな。

そうじゃろ?

地獄の味のような飯を喰らっているうちにな、やっぱり人間というのは不思議な生きもんでなあ。

ああ、飯というものはやっぱりうまいもんだと思えるようになってくる。

ああ、花はやっぱりきれいなもんだと思えるようになってくる。

ああ、子供の笑顔はいいもんだと思えるようになってくる。

ああ、助け合える仲間はいいもんだと思えるようになってくる。

いつの日か、ふと、つまらん冗談に笑っている己に気づいて自分を責めるかもしれん。

だが、それもいずれ自然に受け止められるようになる。


それはな、逝った者が遺された者を生かそうとしているんじゃよ。飯さえ喰らっていれば、力が湧いてくるんじゃよ。そうでないとな、空に昇った最愛の人の霊がな、辛いんじゃよ、哀しむんじゃよ。心を地上に残してな、いつまでも思い惑うんじゃよ。

先に逝った者にな、遺された者はな、絶対にそんな思いだけはさせてはならんのじゃよ。


幸いなことにあんたは今、この村で新しい家族や知り合いに囲まれて、とにもかくにも毎日何かをしっかり喰い続けている様子じゃ。おかげで、笑ったり、派手な夫婦喧嘩もしていると聞く。その力の元が、たとえ亡くなったあんたのカミさんが悲鳴をあげそうな蛇や野ネズミのような代物であったにしろ、それをありがたく命の糧にしてゆくことこそが先に逝った者に対する供養なんじゃよ。

最善の供養なんじゃよ。

つい最近、あんたの国で起こった理不尽な大災害を考えてみてもな。死の数と被害の膨大さにはたじろがざるを得ないが、そこをぐいと踏ん張ってな。

逝った者と遺された者、それぞれ一人ひとりの魂と胸の底を深く深く問うてみれば、タイ人も日本人もさして変わらんのじゃなかろうか。かつては、タイ南部でも同じような津波被災があったから、決して儂の身勝手な想像でもないと思うんじゃが……。

まあ、出家前には刑務所の飯も喰らった極道もんの至らぬ修行なんぞ、今の日本の大きな不幸には屁の役にも立つまいが、もしも暇つぶしにでも聴こうという人がひとりでもいるのなら、あんたの口からこの話をそっと伝えてもらっても構わんよ。

むろん、屁と糞の話は抜きにして、上品な日本語に変えてな。

〈わが村出身の高位放浪修行僧トォン師との対話より構成。師は五十歳を超えてなお住職を拒み、タイ・ラオス・ミャンマー国境の山中をさまよいながら仏教修行と説法を続けている〉

第一章　オムコイの空に昇る

雨季もそろそろ終わりに近づき、オムコイのわが村では日本の晩秋を思わせる冷たい風が吹き始めた。

間もなく、亡き妻の七回目の命日がやってくる。

日本式にいえば、昨年が七回忌にあたった。本来なら、盛大な法要を行うべきところだったのだろうが、妻の遺志もあって、私はこうした日本の慣習には一切従わずにきた。

葬儀の際にも僧侶を呼ばず、妻が描いた詩画をずらりと並べて個展のようなしつらえにし、好んで聴いたベートーヴェンを大音量で流して彼女を送った。遺骨の一部は自らの手でパウダー状に砕き、彼女が愛した山の頂の風に、渓谷の澄んだ流れに乗せた。

それから三月《みつき》ほどが経ち、嵐のように押し寄せる諸整理の半ばで、私は突然狂った。看病中に発した不眠と鬱が、異様な躁に転じ、足下を炙《あぶ》られるようにして日本を飛び出したのである。

中国、ニューヨーク、東南アジア各地を無軌道にさまよい歩き、ほぼ二年後に北タイの中心都市チェンマイにたどりついた。三年目の法要を、タイ北端パーイの山上の寺で自分なりに済ませたあと、チェンマイからさらに二百キロほど離れた山奥にあるカレン族集落に迷い込んだ。

＊

明け方の房事に疲れふとんの中でぐずぐずしていると、隣家のメースアイがガーンと扉を開けて家の中に飛び込んできた。わが村では、寝るときにも内鍵をかけないのが普通だ。

「☆●△×◎＊○！」

私には意味不明なカレン語の叫び声にびくっと反応した嫁のラーが、オーともウーともつかないくぐもった声をあげる。

「どうした？」

「近所の年寄りが亡くなったって」

「どこの？」

「元村長の奥さんのお父さんだよ。二〜三日前の明け方に聞こえてきた女の泣き声は、これを知らせるピー（霊）の仕業だったに違いない……」

西の山の方から下りてきて、村の上を旋回するようにゆっくりと移動していった断続的な啜《すす》り泣きは、私も確かに聞いた。夜が明けると女の泣き声をめぐって村中が大騒ぎになったのだけれど、ついにその正体は誰にも分からなかったのである。

亡くなった老人は、いつも牛を追いながら村の道をのんびりと歩いていた。

「サワッディカップ（こんにちは）」

私がタイ語で挨拶すると、うなずくようににっこり微笑んでくれたものだ。わが村のカレン族は、とりたてて挨拶語を持たない。顔を合わせると微笑みながら顎をしゃくるか、「リーコロイ（どこ行くんだ？）」と声をかける。訊かれた方は、手の甲で蝿《はえ》を追うような仕草で右腕をゆっくり大きく振って自分の行く方向を示すだけだ。

「あの爺さん、いくつだった?」

「八十五歳くらいかなあ。あたし、昨日道ですれ違ったんだよ。あんなに元気だったのに」

老人は特に悪いところもなく、前の晩も普段どおりに床に就き、家族が眠っている間に静かに息を引き取ったのだという。

あたふたと水浴びをして駆けつけると、男衆が竹を切って棺の安置台を組み立て始めていた。陣頭指揮をとるのは、四十歳の若いタイ人村長である。こいつ、村長のくせして、「闘虫に賭ける金がない」という理由で一年前に私から借りた百バーツを未だに返さないまま知らんぷりだ。村での肉体労働賃金は、一日二百バーツ前後である。

老人の遺骸は、高床式住居の床下に急遽張り渡された割竹床(縦に不連続な切れ目を入れた竹を板状に開いて敷き詰める)に寝かされており、粗末な掛けぶとんにくるまれたその小ささに思わず息を呑んだ。葬儀の準備に追われているのか、遺族の姿が見当たらない。ラーに顔を見てもいいのかと訊くと、

「マイミーバンハー(問題ないよ)。でも、あたしは怖いから見たくない」

仕方がないから、自分でふとんをめくった。まさに、眠ったように穏やかないい顔である。理想的な逝き方だと言えるだろう。

いったん朝食を済ませて出直すと、すでに葬儀用テントと椅子、テーブルの設営が終わっていた。

この村では、誰かが亡くなるとオボートー（地区行政事務所）職員が近隣の若い衆に声をかけて、すぐさま運動会で使うような平屋根のテントを設営する。定職に就いている者は少ないから、人手はすぐに集まるのだ。

庭いっぱいに敷かれた青いビニールシートの上で、年輩の男衆が竹を削って供物入れ用の籠を編んだり、上端に入れた切れ込みを器用に丸めて菊の花に似せた細工物を作っている。

「クンター、まあ一杯いきましょう」

そばへ寄ると、さっそくラオカオ（米焼酎）の献杯が来た。クンターとは「爺様」という意味のタイ語で、この村での私の通称になっている。

ラーの従兄にあたるベッが、龍の模様入りのぐい呑みになみなみと焼酎を満たし、そいつを親指と人差し指でつまんだ右手の肘に左手を添える謙譲のポーズで私に手渡す。私も同様に右肘に左手を添えて受け取り、一気に飲み干した。これが、ラオカオを飲むときの村の流儀である。しかも、駆けつけ二杯が原則だ。この焼酎、火に放り込むと青い炎が上がるほど度数が高い。村で暮らし始めたころ、流儀を忠実に守ったがためにチェンマイまで走って胃カメラを呑む羽目になった。診断は、急性胃潰瘍。胃壁に、無数の出血痕が見えた。

ビニールシートの脇では、Tシャツとジーンズ、ジャージの上下などラフな格好の若い女衆が料理の支度に忙しい。燃え盛る薪の上では、大鍋がグラグラと煮立っている。一方、遺骸が安置された割竹床では、筒着と巻きスカートの伝統的なカレン服をまとった年輩の女衆が、棺を飾るアクセサリーを編んでいる。五センチほどの竹ひごを十字形にクロスさせ、それに色とりどりの木綿糸を巻き重ねて菱形の紋様を紡ぎ出すのである。

若い女衆に交じって料理の手伝いを済ませたラーは、遺骸の足下に無造作に座り込み、この飾り物づくりに熱中し始めた。四十歳を超えたばかりの彼女は、まだどちらのグループにも入れるらしい。彼女の今朝の格好は、上が筒着のカレン服、下はジーンズである。

顔見知りのクリスチャンの老婆が、ふとんをめくって遺骸の細い足を優しく撫でさすっている。枕元にお供え物を置きにきた孫娘の啜り泣きに、みんながうつむいた。だが、それも一瞬で、彼女が哀しみを振り払うように勢いよく立ち上がると、女たちの賑やかなお喋りと笑い声が復活する。

組み終わった棺桶安置台のそばには、根元から刈り取った二本のバナナの木が、やはり竹で組んだ低い台の上に立てられている。脇では、日頃べろべろに酔っぱらっては私の腕や膝を触りまくり「クンター、オッケー?」(何がオッケーなのかちっとも分からない)を連発するミスターOKが、珍しく神妙な顔で作業に取り組んでいた。

まずは、菊の花に似せた竹細工の茎の部分に二十センチほどの白い木綿糸の端をくくりつける。その糸の先に乾燥させたバナナの葉で巻いた煙草を結わえつけ、茎の根元をバナナの幹に一本一本突き刺していくのである。覚束《おぼつか》ない手つきで、私も作業を手伝うのだが、不器用なのでなかなかうまくいかない。ミスターOKに笑われながら脇を見やれば、風を受けてバナナ葉巻がゆらゆらと揺れる。煙草好きだった老人にとっては、なによりの供養であろう。このバナナの幹には、櫛《くし》、歯ブラシ、石鹸、シャンプー、洗剤、ノートブック、ボールペン、スナック菓子など、天上生活に必要とされる日用品が葉巻と同様の手順で飾られることになる。

昼どきになって、豚肉と野菜を唐辛子で煮込んだ辛い辛いカレン族料理が供された。

ピー（精霊・祖霊）信仰と上座部仏教とキリスト教が共存するこの村には、精進という概念は存在しない。仏式の冠婚葬祭、各家庭での先祖供養、ピーがらみの祈祷、教会のクリスマスイベント、あらゆる節目節目に黒豚や牛や鶏や山羊をつぶすのである。

さて、お通夜である。

晩飯を終えて七時過ぎに駆けつけると、すでに僧侶による読経が始まっていた。テントの下に整然と並べられた赤や青のプラスチック椅子に座っている人は少なく、ほとんどの村人は庭の隅や玄関先、道路脇にしゃがみ込んでいる。葬儀を取り仕切る世話役や村の有力者たちは黒服を着ているが、大半は民族衣装も含めた普段着姿だ。

庭の一画に設置された平台の上に黄衣をまとった四人の僧侶が座し、その前の地面に敷かれたゴザの上に、家族や親族が横座りをして掌《たなごころ》を合わせている。

白塗りの棺には金色で天女のような模様がほどこされ、周囲にずらりとロウソクが灯されている。棺の上を鉢花が埋め尽くし、その上方には老人が愛用したカレン服が紐で縛ってテントから吊るされていた。棺の縁では、今朝がた女衆が編んだ菱形模様の飾り物がロウソクの灯りを受けて鮮やかな彩りを揺らめかせている。

棺の頭部側に設けられた焼香台の前に立ち、線香一本に火を点けて手を合わせた。タイの線香は三十センチ前後で、赤く染めた細い竹串の先半分ほどに白い香が塗り固めてある。冥福を祈って顔を上げると、目の前の棺に黒いアヒルが首と羽を伸ばした形で打ち付けられていることに気づいてギョッとした。供物の一種だろうが、これまで何度か参列した葬儀では見たことがない。

タンブン（香典）の百バーツを木箱に入れ、親族席の後ろのプラスチック椅子に座って読経を聞いた。遺族や世話役からの寄進物を山ほど受け取って僧侶たちが立ち去ると、のど自慢の男衆が緩やかな二列縦隊を組み、ご詠歌のような節回しの「霊を天に送る歌」を歌いつつ棺のまわりをゆっくりと回り始める。これが深夜まで延々と続き、零時になると味の濃い豚肉入りカオトゥム（お粥《かゆ》）が参列者に供された。

通常は、このあと未婚の娘たちが白いワンピースのカレン服をまとい、同じように歌を歌いながら棺の周囲を回る。これは歌のコンテストを兼ねており、長老たちの選考で一位になった娘に若者たちがデートを申し込むのが昔からの習わしだという。だが、なぜかこの夜は娘の歌い手たちは登場しなかった。参列者の間に、さざ波のような不満の声が広がってゆく。こうして、伝統は次第に簡略化され、いつしか廃れていくのだろうか。

村の衆にとっての最大の楽しみは、通夜の時間をつぶす賭けゲームである。

なかには、読経のときからすでに庭の隅でトランプゲームを始める不届き者もいる。死者とはなんの関わりもないのに、わざわざ遠い村から駆けつける者も多い。「今夜はお通夜だ」という情報が流れると、村中が一瞬沸き立つような雰囲気に包まれるのは、公然と賭博が楽しめるからに違いないと私は睨《にら》んでいる。嫁のラーもそのひとりで、葬式となると妙にめかしこんで浮き浮きした足取りで出かけていくことが多い。

今夜は、サイコロを使ったゲーム場が四ヶ所設けられ、すでに百人ほどが押し合い圧《へ》し合いしながらまわりを取り囲んでいる。

「コォトーッ、コォトーッ（すまん、すまん）」

そう声をかけつつ、人垣を掻《か》き分けた。地面に広げられた白い布の上に「六一」とか「五三」といった数字と賽《さい》の目の絵が描かれている。親になった中年女性が皿の上にサイコロを三個置き、竹編みの小さな籠をかぶせて皿ごと軽くひと振りした。すると、車座になった十人ほどの参加者たちが、五～十バーツ硬貨や二十バーツ札をそれぞれの狙い目の数字や絵柄の上に置き、居住まいを正す。その様子を見渡した親が、おもむろに籠を取って賽の目を示すのである。

ラーはポーカーに似たトランプゲームは得意だが、このゲームはよく知らないらしい。しばらく様子を眺めてから、「ちょっと試してみるね」と言って二十バーツを取り出した。そして、たちまち百バーツをすってしまった。

「クンターも賭けてみたら？」

顔見知りがしきりに声をかけてくるが、夫婦して身上《しんしょう》をつぶしても仕方がない。場の脇に控えてビアチャン（象印ビール）を飲んでいると、ひとりの若者が流暢な英語で話しかけてきたから驚いた。この村では、役所の職員や学校の教師などが片言の英語を喋るくらいなのである。

「韓国人ですか?」

「いいや、日本人だよ」

「へぇー、珍しいなあ。教会にはときどき韓国人クリスチャンがやってくるけど、村で日本人に会うのは初めてです」

彼はかつて、チェンマイ郊外にあるエレファント・キャンプで象遣いをしており、そのときにファラン（欧米人）や日本人観光客を相手に英語を覚えたのだという。仕事は面白かったが、なにせ月給は二千バーツ（大卒初任給でも一万バーツに満たないらしい）。これでは家族を養えないので、今は村に戻って学校などのトイレ設営工事で一日二百バーツの賃金をもらっているそうだ。

と、突然ワッという歓声があがった。どうやら大きな目が出たらしく、場の上を百バーツ札や五百バーツ札が飛び交っている。こうなると、ラーは頭に血が上って歯止めが利かなくなる。朝まで居残るというのを、無理矢理引っ張って家に戻った。

翌朝。寝不足の重い胃袋に茶漬けを流し込んでいると、早くも亡くなった老人の家の方から読経の声が聞こえてくる。

「ラー、始まったぞ」

早朝に起き出して料理の手伝いに出かけていたというのに、ラーは出棺の時間を知らなかった。

「金持ちのくせに、今日火葬をするんだって。普通、金持ちは二～三日かけて通夜をしてから火葬をするもんだよ。昨夜《ゆうべ》は、若い娘たちが歌も歌わなかったし」

昨夜分かったことだが、亡くなった老人は母方の遠い親戚にあたるらしい。だから、親族のひとりとして葬儀の簡略化を嘆いているのである。こうした口うるさいオバさんは、日本にも必ずいる。

ともかくラーの尻を叩いて駆けつけると、昨夜と同じ配置で僧侶と親族が向かい合ってお経をあげていた。賭けゲームで夜を徹したせいか、村人の数はまだ少ない。参列者の誰もが読経に合わせて掌を合わせ、なかには朗々と唱和している人もいる。おそらく、出家の体験者だろう。

タイでは、衆生《しゅじょう》に成り代わって数々の厳しい戒律を守り修行を重ねる僧侶の地位が高く、日本では考えられないほどの尊敬を集めている。とりわけ女犯《にょぼん》には厳しく、混み合った乗り合いバスに乗車する場合も、女性が隣に座って肌を接することなど絶対に許されない。

早朝ともなれば、人々が托鉢僧の列を待ち兼ねたように花や食料、日用品などのタンブン（寄進・功徳）を行い、たとえそれが短期出家の少年僧であろうと履物を脱ぎ、足下にぬかずいて恭しく読経を受けるのである。

「日本の坊主は酒も飲むし妻帯もする」と言うと、仏教徒たちは大仰に眉をしかめる。反面、還俗《げんぞく》が容易なので、出家は男のたしなみやキャリアづくりの一環とも見なされる。そこで、村にも一週間や一ヶ月といった短期の出家体験者が多いのである。夏休みともなれば、少年たちが林間学校のような感覚で短期出家に臨む姿も見られる。

読経が終わると、僧侶たちは棺を囲んで野辺送りの儀式を行い、竹籠に入った寄進物や新しい僧衣を受け取って帰途に就いた。玄関口で送り火が焚かれ、男衆が昨夜と同様に歌を歌いながら棺の周囲をゆっくりと回る。歌い終える間際に声を高く長く張りあげ、送り火の中から焼け木杭《ぼっくい》をサッと拾って勢いよく玄関の外に放り投げた。

これを合図に、棺の周囲の飾り物や鉢花、カレン服などが手早く取り外される。庭先に停まったピックアップトラックの荷台に棺が担ぎ込まれ、親族が一斉に乗り込んだ。霊が迷わないよう、とにかく大急ぎで山の焼き場まで運ばねばならない。別のクルマには、天上生活の必需品がぶらさがったバナナの幹と、ベニヤ板で作った胸までの高さの家の模型が積み込まれた。天国で快適に暮らすための住まいであるという。村中から掻き集めたトラックの荷台に村の衆が分乗し、私もその中に交じった。

「亡夫の火葬を思い出すのは嫌だし、悪いピーが憑《つ》くかもしれないからここで待ってる」

そう言っていたラーが、なぜかバイクに乗って後ろからついてくる。土壇場になって、やはり心残りがしたのだろうか。

焼き場は、従兄のベッから買い取って登記を済ませたばかりの牧場用地のそばにあった。わが家のベランダからも、山の中腹にあるこのあたりに立ち昇る火葬の煙を何度か見かけたことがあるが、実際に火葬に立ち合うのは初めてである。用水路の脇に停まったクルマを降りて緩やかな山道を登りつめると、少し開けた雑木林に太い丸太が背丈ほどの高さに組まれ、その上にはすでに白い棺が安置されていた。

日本の秋を思わせる澄んだ青空と木々の緑に白い棺が映えて、思わずホーッと溜め息が出た。二人の男が薪の上によじ登り、棺を挟んで両脇に立つ。蓋を無造作に開け、右手に持った長いロウソクに火を点けて、空に掲げるように上下にゆっくりと動かし始めた。なにやら節をつけながら、祈りの言葉を唱えているようだ。

薪にガソリンが撒かれ、棺の中の遺体にも遠慮なく振りかけられた。親族たちが山刀で細長い木を二本刈り取って、棺を支えるように両側に立てる。火が点くと、人の輪が一斉に離れた。

世話役のひとりである従兄のマンジョーと亡くなった老人の弟が、焼酎を詰めたビール瓶を抱えて私のそばに来てしゃがみ込む。二人とも、すでにべろべろだ。いくら献杯を断っても、右手を取って強引にぐい呑みを握らせるから飲まざるを得ない。しかも、燃え盛る棺から五メートルも離れていないのだから、熱くてたまらない。だが、酔っぱらった二人は委細構わず、バナナの幹から引き抜いたスナック菓子をつまみに、焼酎をぐいぐいとあおり続ける。

「クンター、こっちにおいでよ！」

振り向くと、ラーが何か言いたげだ。そばに行くと、

「あれは死者へのお供物だから食べちゃいけないんだよ。それに、あんなに酔っぱらった二人と焼

酎を飲むなんて、あたし恥ずかしいよ。みんながクンターのことを呆れた顔で見ているじゃない」

あたりを見回すと、村人たちがそこここの木陰にしゃがみ込んで、静かに野焼きを見守っている。なるほど、酔って騒いでいるのはわが親族だけだ。

「まあ、今日はマンジョーも弟さんも酔っぱらいたいんだろう。彼らの顔を見ていると、とても献杯を断れないよ。マイペンラーイ（気にしない、気にしない）」

ガソリンが注ぎ足され、炎の勢いがさらに強まった。故人のふとんや衣類も、火の中に投じられた。火力を強めるための古タイヤにも火が点いて、紅蓮《ぐれん》の炎と黒煙が薄雲をはいた青空に立ち昇る。棺が燃え崩れ、激しく渦巻いた炎の合間から一瞬だけ白い頭蓋骨が姿を現した。熱にあおられて膝が曲がったのか、一本の大腿骨が天に向かって突き立っている。

美しい、と思った。

涙が滲《にじ》むほど、美しい白さである。

人は、こうして天に昇っていくのか。

このまま村に住み続ければ、いつか俺もここから空に昇っていくんだなあ……。

一瞬、ピカピカの鉄とコンクリートで覆われた無機質な火葬窯から引き出された亡き妻の姿が脳裏をよぎった。

＊

二時間も経っただろうか。

わが家の向かいに住む副村長と駄弁《だべ》っていると、村人たちが唐突に立ち上がってぞろぞろと山道を下り始めた。決して後ろを振り向くことなく、まるで逃げ出すような勢いである。これもまた、霊が迷わないようにするための風習であるという。

「もう、終わり？」

「ああ、あとは俺たち世話役が遺骨を拾って家に持ち帰る。それから、遺族が骨を砕いて村の川に流すんだ。人によっては、このあたりに撒いたり埋めたりもするけどね。クリスチャンの場合は、ここから少し離れたところで土葬にするんだよ」

最後まで立ち合いたかったが、ラーが怖いというので一緒に戻ることにした。

村の入口で、クルマが急に止まった。道路脇に置かれたバケツに、黄色い木の実のついた小枝が浸してある。荷台から飛び降りた村人たちが、一斉にその水で手や腕を洗い、額から髪にかけてなすりつけるようにする。浄めの塩ならぬ「浄めの水」である。

老人の家に戻ると、私と同年代の娘（元村長の妻）に声をかけられた。案内されて別棟に上がると、先に着いた村人たちが両手首に白い木綿糸を巻いてもらっている。いつの間にか脇に座り込んだラーが、お盆に盛られた鶏肉とご飯を私の右手に握らせ、古老のひとりが祈りの言葉を唱えながらその手首に二重に糸を巻いてくれた。左手も同様にしてから、右手の鶏肉とご飯を一気に食べる。

これで、浄めの儀式は完了である。

山羊モツ煮込みの昼食をいただき、家に戻るとデジカメのバッグをなくしたことに気がついた。後片付けを手伝っているラーに告げると大騒ぎになるので、ひとりでバイクに乗って焼き場まで戻った。悪いピーが憑かないように、丁寧にお祈りをしてから山道を登る。組んだ薪はまだ崩れておらず、火が静かに燃え続けている。そばには、老人が愛用していたのだろう、素焼きの甕《かめ》の燃え残りが転がっていた。

どういうわけか、いくら探し回ってもバッグは見つからない。サイドポケットに村の様子を写した二枚のメモリーカードが入っていたから、老人のお供をして一緒に空に昇ったのかもしれない。

第二章　鳶《とび》色の瞳カレン族の女

タイの北部地方にあるオムコイという地名を知っている日本人は、一体どのくらいいるだろうか。時おり泊まるチェンマイの安宿で旅人やロングステイヤーと話していても、「オムコイで暮らしています」と言うとキョトンとする人がほとんどだ。山岳民族の教育支援に携わっているというボランティアのひとりは、さっそく年季の入った北タイ地図を広げてくれたが、そこにはオムコイの地名が記載されていなかった。

タイの行政区画表記に従えば、チェンマイ県オムコイ郡オムコイ地区。チェンマイ県の最南西端に位置する山村である。すぐ西側には南北に細長いメーホンソーン県が接しており、そこを横切ればもうミャンマー国境だ。農業以外にはとりたてて産業もなく、県内でももっとも貧しい郡であるらしい。

最近でこそ、ノンストップのミニバスが三時間あまりでチェンマイまで運んでくれるようになったが、私が初めてオムコイにやってきたときは大型の乗り合いバスが上り坂にかかるたびにほとんど進まなくなり、五時間以上もかかったのには辟易《へきえき》した。大小のバスが発着する町の中心部には郡役所があり、救急治療室や入院病棟を備えた病院もある。だが、わが村にたどりつくには、ここからさらに二キロほど山奥に入らなければならない。

道は一応舗装してあるからさほど山道という感じはしないのだけれど、坂道を上り下りしている途中で急に空気が冷たくなってくる。見かけよりもはるかに傾斜のきつい峠を登りつめ、教会を目印にY字路を左手に入る。と、そこがカレン族集落バーン・ソボムヘッド（ソボムヘッド村）、わが新たなる家郷である。

日本を遠く離れ、北タイ僻地《へきち》中の僻地ともいえるこんな場所に住むようになったのは、すべて成り行きとしか言いようがない。念入りに移住計画を練ったわけでも、タイの代表的な少数民族であるカレン族に興味をそそられたわけでもない。およそ三年半前、チェンマイで偶然に知り合ったラーの家が、この村にあったからにすぎない。

ラーとの出会いは、最悪だった。長逗留していたチェンマイの安宿で、いきなり喧嘩になりかけたのである。

二〇〇七年五月中旬。私は五十五歳の誕生日を迎えたばかりだったのだが、ある鬱屈を抱えており、日本人バックパッカーが大半を占める同宿の面々ともほとんど言葉を交わすことがなかった。そんなある日。チェンマイ門市場の屋台で夕食を済ませて宿に戻ってくると、私の部屋がある二階の廊下に座り込んで、長い黒髪の女と数人の若いファラン（欧米人）が賑やかにビールを飲んでいた。

「おや、パーティーかい？　いいねえ」

私は、英語でそう声をかけ、しかし長話をする気にも彼らに合流する気にもなれず、いつものように部屋にこもって本を読み始めた。しかし、その賑やかな宴会は深夜になっても果てることがなく、とりわけ、黒髪の女が発する遠慮のないしゃがれ声がうるさくてならない。たまりかねた私は部屋から顔を出し、「お楽しみのところ申し訳ないが、もう午前一時過ぎだ。もう少し、静かにしてくれないか」と丁寧に申し入れた。ファランたちは「すまなかった」と言いつつ腰を上げようとしたのであるが、女はいきなり私に向けて人差し指を突き出し「余計なお世話だよ！」と喚《わめ》き声をあげたのである。意外な反応に呆れた私は一瞬言葉を失ったが、おそらく酔っているのだろうと思い一歩踏み出して、もう一度諭すような英語を繰り返した。

「よく聞いてくれ。もう深夜の一時過ぎだ。ここは宿で、眠っている人もいるだろうし、俺のように眠りたい人もいる。どうか、常識をわきまえてほしい」

するとは女は、さらにいきりたって何かを言おうとしたが、ひとりの大柄なファランが彼女の腕を押さえ、もう一度すまなかったと言いつつ全員に解散を促した。

翌朝、近くの公園にウォーキングに出かけるため部屋を出ると、昨夜のうるさい酔っぱらい女が、廊下の手すりにもたれて空を眺めていた。雨季への入りかけで、梅雨のような重苦しい雲がチェンマイの空を覆っている。

女は、私の気配に気づいて振り向くとにっこりと笑い、

「グッドモーニング！　ご機嫌いかが？」

陽気な英語の挨拶を送ってきた。昨夜のことなど、すっかり忘れた様子だ。

虚を衝かれた。

誰かに似ている。

……陽に焼けすぎた若いころの大原麗子。

ちと、褒めすぎか。

まあ、どうでもいいや。

少しウェーブのかかった濃い黒髪が背中の半ばまで達し、横顔はネイティブ・アメリカンのようにも見えないではない。だが、この女のせいで不快な一夜を過ごした私は、不機嫌な顔のまま空を指差した。

「あんまり、気分はよくないね。この天気だし……」

さらに何かを言いかけた女を無視して階段を下り、そのまま公園へと向かった。

その翌朝、二階の廊下ですれ違うと、彼女はまたもや元気な挨拶を送ってくる。仕方なく私も型どおりの挨拶を返して「どこから来たの？」と声をかけた。日本人に似通った顔立ちに興味を覚えたからである。すると、女は「あたしはコリアン」と言う。

「ああ、韓国人だったのか」

私はうなずいて、「じゃあ、また」とすぐにその場を離れた。愛嬌をたたえた鳶色の瞳と、陽気で社交的な様子には好感を持ったが、なにしろ最初の印象が悪すぎた。ところが、なぜか、その翌朝も女は廊下に出ており、私が部屋を出るとにっこりと笑いかけてくるではないか。私は苦笑しながら、初めて彼女の名前を訊《たず》ねてみた。

「あたしの名前は、ラー。カムラーの略称です」

ラーか。明るい容姿にぴったりの、響きのいい名前だと思った。

「ところで昨日、キミは韓国人だと言ったよね」

すると、彼女は強い調子でそれを否定した。

「あたしはコリアンじゃなくて、ガリアンです」

「ガリアン？　コリアンじゃないの？」

「そう、ガリアンです。チェンマイから遠く離れた山の中に住んでいます」

「山の中？　ガリアン？……もしかしたら、山岳民族のカレン族かな」

「そうそう、英語ではカレンと言うみたい。でも、タイ語ではガリアンです」

「なるほど、ガリアンか。それは、不思議な縁だねえ。実は、去年の十一月に初めてチェンマイに来たとき、トレッキングで彼らの村に泊まったことがあるんだ。そのとき、産後で気の立った飼い犬に足を咬まれて大騒ぎになったんだよ」

そのころ、フィリピンで犬に咬まれた日本人旅行者が処置を怠ったために死亡したというニュースがしきりに流れていた。チェンマイから同行してくれた若いガイドはおろおろするばかりだったが、予防注射を受けていないことを知った民泊先の主人は私をバイクの後ろに乗せ、真っ暗な山道を猛スピードで下ってワクチンを常備している診療所に運んでくれたのである。その夜、彼らはトレッカー向けの寝小屋ではなく母屋に私を招き入れ、数種類のカレン族料理を振る舞ってくれた。朝食も一緒に摂り、「歩けるか？　痛くないか？」としきりに足の傷を気遣い、家族総出で手を振りながら見送ってくれたのだった。

「みんな、とても素朴でいい人たちだったなあ。まるで、昔の日本に戻ったような気分だったよ」

「困ったときには、みんなで助け合う。それが、ガリアンなんです」

彼女が、微笑みながら胸を張った。その英語は文法も何もない超ブロークンなものであったが、体ごとぶつかってくるような迫力があり、想像力を少しばかり加えると、さほどの支障もなくコミュニケートできる。

「英語、うまいねえ。どこで覚えたの？」

「以前、家政婦をしていたアメリカ人の家で。奥さんがタイ人で、夫婦して親切に教えてくれたから」

「ふーん、それはラッキーだったね。あ、ちょっと待って。そのとき、お礼代わりに買い取ってきた手織りの肩掛けバッグがあるんだ」

私は部屋にとって返し、宿の主人が作業用に使っていた青色を基調にした手織りのバッグを彼女に示した。ラーは、そのバッグを手に取ってしげしげと眺め、裏返しにして縫い目の様子などをチェックした。

「確かに、これはガリアンの手織りバッグだけど、あたしの村のものの方がずっと素敵です。きっと、これは北の方のものでしょう。あたしの村はチェンマイの南の方で、オムコイというところにあるんです」

「オムコイ?」

　初めて聞く地名だった。

「ここから、どのくらい離れてるの?」

「バスだと、五時間くらい」

「ずいぶんと遠いんだなあ。俺が泊まった村は、たしか北の方にクルマで一時間くらい走って、それから数時間だけ歩いたところだったよ」

「そうでしょう。あ、そうだ。あたし、自分で織ったガリアンの上着を持っているんですよ。今、持ってきます」

　彼女は、私の部屋から三軒隣の部屋に駆け戻り、濃いえび茶色の筒着を私に示した。手に取ると、しなやかな木綿地だ。襟ぐりや胸元に白い刺繍様の模様が入り、胸元や脇、裾からは生地と同色の糸房が垂れ下がっている。広げてみると、やや縦長だが正方形に近く、首の部分と両の肩口に簡単な切れ込みが入っているだけだ。着るときには、頭からすっぽりかぶって腕を通すのだという。素朴ながら、なかなか味のある織物であった。私のカレンバッグと彼女のカレン服を媒介にして、親密な空気が流れ始めた。不快な第一印象も、かなり薄らいできた。

「で、そのオムコイに住んでいるキミが、なぜこの宿にいるの?」

「姉の息子がチェンマイの大学に入ることになって、その付き添いできました。家族は誰もチェンマイに来たことがないから、無理矢理頼まれてしまって。それに、七日があたしの誕生日だったから、友だちがお祝いもしてくれたんです」

「五月の七日？　へぇー、俺の誕生日は九日だよ」

同月二日違いの誕生日が、さらに親近感をもたらしたようだ。ラーの口調も、かなり打ち解けてきた。

「あたしは三十九歳になったばかりだけど、あなたはいくつ？」

「ハースィップハー（五十五歳）。すっかり、クンター（爺様）になっちまった」

私は、冗談まじりに覚えたてのタイ語を口にした。そのときはまさか、それが自分の通称になるなどとは思いもしなかったのだけれど。

「いいえ、髪の毛は白いけど、とても若く見えるわ。奥さんかガールフレンドは？」

「日本人のカミさんがいたけど、二年半前に亡くなってね」

「それで、寂しそうに見えたんだ」

「俺が？」

「うん、初めて会ったときから、なんだかとても寂しそうだった。挨拶をしても怒ったような顔をしてるし、人ともあんまり話をしないし……」

確かに、このところ、私は笑うこともなくなっている。

「で、キミは結婚してるの？」

安宿で、若いファランを相手にオダをあげているくらいだから、独り者に違いない。だが、これは話の成り行きというものだ。

「いいえ。十二年前に夫が亡くなってから、ずっとひとりで母親と息子の面倒を見ているわ」

「へえ、それは意外だな。キミみたいなきれいな人、男が放っておかないだろうに」

英語だと、こんなことも平気で言える。亡夫の話をしてちょっと曇ったラーの顔が、パッと明るくなった。

「ありがとう、きれいと言ってくれて。でも、本当にずっとひとりなんです。息子がひとりいるんだけど、彼も十九歳になって、あたしの心からだんだん離れていってるみたい。それに、このところ母の様子もおかしくなってきて……」

「どうしたの?」

「目が見えないから不安なのかもしれないけど、夜中に訳の分からないことを大声で喚くんです。だから、こちらも眠れなくなって、すっかり疲れてしまいました。だから、今はチェンマイで少し骨休めをしています」

「………」

ラーの話を聞いているうちに、二十年近くもアルツハイマーと闘う母の姿が脳裏に浮かんだ。母の症状は静かなものであるが、それをただ黙って見守るしかない家族の辛さはよく分かる。そして、眠れないことの苦しさと底知れぬ不安も。

「それもあって、最近はつくづくとひとりぼっちだなあと感じるようになりました」

「マイペンライ（大丈夫だよ）。キミはまだまだ若いんだから」

「若くなんかないよ。三十九歳なんて、すっかりクンヤーイ（婆様）です」

「ハハハ……クンターに、クンヤーイか。まあ、年寄り同士仲良くやろうや」

久しぶりに笑ったような気がした。

彼女の顔を、改めて眺めてみる。確かに、目尻には年相応の皺《しわ》が刻まれているし、化粧っ気のない肌はかさかさしている。だが、くっきりとした二重まぶたの下の鳶色の瞳は好奇心に満ちて生き生きと動き、タイ人にしては珍しくすっきりと通った鼻筋や薄く引き締まった唇の整った造作が、とりわけ小粒な白い前歯を見せて照れ臭そうに笑うとき、二十代とも見える若々しさを垣間見せるのである。

「あのね、ひとつ心配なことがあるんだけど……」

「え、なに？」

「ちょっと言いにくいんだけど、ファランや日本人の年寄りがよく騙《だま》されるんだ、タイの若い女性に。初めは甘えてよく世話もするんだけど、携帯やバイクやクルマや家を買ってもらい、お金を取るだけ取ってしまうとサッと姿を消してしまう」

「ああ、その話はよく聞くよ。彼女たちはそんな年寄りのことを、ミスターＡＴＭとか、ダーリンならぬダクリン（猿の尻）なんて呼んでるらしいね」

「なーんだ、知ってるんだ。それなら、心配ないね。でもお金持ちの日本人は狙われやすいから、くれぐれも気をつけてね」

「ご忠告、ありがとう。じゃあ、俺はこれからウォーキングに行くから」

「ウォーキング？」

「ああ、毎日運動しないと、こいつが引っ込まないからね」

私は、一時帰国していた三月半ばから五月初めの間にかけて、すっかり突き出してきた腹をさすってみせた。

＊

近所の子供たちを相手に小さな英語塾を開き、詩画作家としても活動していた妻が、異様な息苦しさを訴え始めたのは二〇〇三年の春先のことだった。

当時、私は主にビジネス分野で著作活動をしており、五十歳を機に第一回開高健《かいこうたけし》ノンフィクション賞に挑んで最終候補には残ったものの、その落選の報を肺癌を告知された直後のカミさんの病室で聞くことになった。

「駄目だったよ」

そう報告すると、彼女は微熱を帯びた細い両手で私の両手を握りしめた。

「お疲れさまでした。そして、改めておめでとう」

「え？」

「だって、最終候補に残ったんだから、それだけでもすごいことじゃない。それに、物書きは賞を獲れなかった人の方が大成するっていう話もあるし」

「…………」

「へへへ、ちょっと偉そうだった？　ねえ、また書いてよ。わたしも、病気になんか絶対負けないから。ね、一緒に頑張ろう」

その手の熱っぽさは、今もこの両手に残っている。

妻は、三十三歳のときに転落事故で頸椎損傷を負った。それから二十年近く、一日の大半を占める懸命のリハビリでなんとか伝い歩きはできる状態は保っていたものの、日常生活にはかなりの不自由を強いられてきた。限られた時間を縫っての英語塾や詩画の創作は、苦しい障害を乗り越えるうえでの大きな精神的支えともなっていた。むろん、外出の際には車椅子が欠かせない。それでも毎日手の込んだ料理づくりにいそしみ、絵画展やコンサートにも積極的に出かけた。かつての留学先だったサンフランシスコやカナダへの旅も、私と共に楽しんだ。それらすべてを無惨に打ち砕く突然の発病であったから、彼女の闘病がいかに過酷なものとなったかは容易に想像がつくだろう。妻の母親や姉妹たちの献身的な支えがあったとはいえ、付きっきりの介護と看病は私にとっても過酷だった。

不眠が嵩《こう》じ、病院のそばに借りたマンションの壁を拳が腫れるほどに殴りつけた。六階の窓から飛び下りる誘惑に、何度も駆られた。妻に付き添った病室でも奇妙な行動をとるようになり、さまざまな幻想にも見舞われたあげく、同じ病院の精神科で鬱病と診断された。仕事などできる状態ではなく、経済的にも次第に追いつめられていった。妻の病が終末期に入り在宅看護に移ると、朦朧《もうろう》としながら夜通し人工呼吸器の調整に追われた。

ホスピスで妻を看取ったのは、告知からおよそ一年半後だった。私の鬱は、ますます深くなった。最後まで妻に寄り添ってくれた女性セラピストの紹介で良医に巡り会ったが、抗鬱剤の処方が変わった途端、鬱が異様な躁に転じた。まるで、天下を取ったような気分だった。怖いものは、何もなかった。なぜなら、カミさんがいつもそばにいて、

「立ち止まらないで！　行け、行け、進め！」

と元気な号令をかけてくれるのだから。

かつて上海のめざましい経済成長を取材して縁のできた中国各地を、英雄のような気分でのし歩いた。以前に少しばかり学んだ中国語が、なぜか、べらべらと喋れるようになった。取材の行きすぎから、杭州の売春マフィアに拉致されかかった。体重が五十キロを割りそうになって逃げ込んだ雲南省麗江《れいこう》では、少数民族納西《ナーシー》族の長老一家と親しくなり、ビザもないのに家を買う約束までしてしまった。

一転飛んだニューヨークでは、ホテルの対応の悪さに怒ってゴミ箱を蹴飛ばしたところ、ごっつい警官に腕をねじ上げられ空港への退去を命じられた。それを無視してニューヨークに居残り、ふ

としたことから知り合った心を病む白人女性との共生を夢見てウエストハーレムに住み着いた。その夢が破れると、今度は台湾を皮切りとしてベトナム、ラオス、カンボジアと東南アジア各地を経巡った。

何もかも、滅茶苦茶だった。自分でもその滅茶苦茶さが分かっていながら、歯止めが利かなかった。動きを止めると、ばたりと倒れてしまう独楽《こま》のようなものだった。倒れたが最後、そのまま口を開けた地面の底に吸い込まれていきそうで、立ち止まることができなかった。

タイにたどりついたのは、妻が逝ってからほぼ二年後のことである。バンコクの暑さと息苦しいほどの排ガスに辟易し、わずか三日でチェンマイに移動した。二〇〇六年十一月初旬。北部タイの冷涼な気候の中で、なぜか、ふと我に返った。

妻の声が、聞こえなくなった。

……おい、どこへ行っちゃったんだよ。

果てもなく続くかと思われた狂躁は終焉《しゅうえん》を告げ、底深い孤絶感と先行きの見えない不安に苛《さいな》まれた。歯止めの利かない躁状態のもと、家族や亡き妻の係累、友人、知人、とりわけ仕事関係の人々を巻き込んで引き起こした数々の無軌道なトラブルの記憶が、胸をえぐるように克明に甦ってくる。妻の不在とズタズタになった人間関係に向き合いながら日本で生きていくことなど、とてもできそうにない。

その自覚だけが、確かな重みとなって腹の底に沈んでいった。一度日本に戻って生活の立て直しを図ったものの、どうしようもない違和感に苦しめられた。薄く埃《ほこり》をかぶった名刺をゴミ袋にぶちまけ、仕事用のジャケットやネクタイをズタズタに切り裂いた。鬱が再発したのか引きこもりのような状態に陥り、自死への誘惑を振り払うように、わずか二ヶ月足らずでチェンマイに舞い戻った。

*

ラーと初めて立ち話をした数日後だったろうか。

いつものように部屋に垂れ込めて、ビアシン（獅子印ビール）を飲みつつ宿の本棚から抜き出した文庫本を読み耽《ふけ》っていると、鎧戸《よろいど》式窓ガラスの向こうにラーの姿が現れた。女学生がするように腕を腰の後ろで組み、開け放ったドアから遠慮がちに顔を覗かせる。

「ごめんなさい。ちょっと、お邪魔してもいい？」

「ああ、どうかしたの？」

「実は、オムコイの家族に電話をしたいんだけど、今日は週末でお金がおろせないの。申し訳ないけど、ワンツーコールの通話カードを買うための百バーツを貸してもらえないかしら」

ワンツーコールとは、前年の無血クーデターで失脚したタクシン元首相傘下の携帯電話会社である。百バーツは、当時のレートで三百五十円程度だ。

「ああ、それならお安いご用だよ」

私が百バーツを手渡すと、ラーは顔の前で両手を合わせる丁寧なワイ（合掌礼）をして「コップンチャーオ（ありがとうございます）」と微笑んだ。それから、背伸びをするようにして壁際に並んだビアシンとセンソム（タイ製ラム酒）の空き瓶に目をやった。

「お酒が好きなの？」

「ああ、ご覧のとおり毎日飲んだくれてる」

「あたしも、ビアシンとセンソムが好きなんだ」

「へえ、そうなの。じゃあ、今度機会があったら一緒に飲もうか」

「ありがとう。そうだ、月曜日にお金を返すとき、あたしがセンソムを奢《おご》るよ」

「そんなことしたらキミの方が赤字になるから、気にしなくていいよ。酒は、男が奢るもんだ」

「ありがとう。じゃあ、あたし、さっそく電話カードを買ってきます」

弾むような足取りで廊下を歩み去った。沈み込んだ私の心も、少しばかり軽くなったようだ。その数日後、市場の屋台で晩飯を食べて宿に戻ると、ラーが一階の談話室で例の若いファランたちと駄弁《だべ》っていた。目が合った途端、先日の約束を思い出した。

「飲みに行こうか」

「今から？」

ラーはすぐに立ち上がったが、なにやら彼らも誘っている様子だ。そのときの私の心理状態が自分でもよく分からないのであるけれども、少しためらっているように見える彼女の姿に軽い不快感を覚え、すぐに踵《きびす》を返して宿を出た。そして、チェンマイ門を左手に見ながら賑やかな市場の前をぐんぐん歩く。トゥクトゥク（三輪タクシー）の運転手がたむろする馴染みの一杯飲み屋でセンソムでも飲もうかと思ったが、それも面倒だ。

実は、野暮なことに私はラーをこの店に誘おうと思っていたのであるが、そのまま、いつものウォーキングコースを闇雲に直進した。市場前通りの外れにある屋外カウンターバーも過ぎてしまい、もうこの先には暗い公園ぐらいしかない。

俺は、一体どこへ行こうとしているのだろう。当たり前の人間関係すら、まだ取り戻せないのだろうか……。

そのとき、後ろから「ヘーイ！」という独特のしゃがれ声が聞こえた。自分の意味不明の行動に苦笑しつつ振り向くと、オレンジ色のタンクトップにジーンズ地のスカートを穿いたラーが、右手を大きく振っている。おそらく、身支度をする暇もなかったのだろう。彼女の方に歩み戻ると、私の不可思議な行動については何も触れず、

「素敵な音楽を聴かせる店があるんだ。ファランもいないし、静かだよ」

と言う。ラーが彼らを誘っているときに、いきなり踵を返してしまったので、彼女は私が大のファラン嫌いなのだと思ったらしい。東南アジアの安宿で出会う年輩の日本人の中には、「俺に絶対に話しかけるな」という拒否感を全身に漂わせて、同宿の面々と目も合わせない奇妙な人たちがいる。私にも、そんな雰囲気があったのかもしれない。

並んで歩き出すと、彼女の歩くスピードが異様に速い。私も歩くのは速い方だが、まるで競歩である。暗がりを抜け、まぶしいほどの光があふれるサンデーマーケット通りに入ると、少し息が上がった。

「だって、あたしは毎日山の中を歩いているんだから」

誇らしげに胸を張ると、両側を埋め尽くす露店には目もくれず、そぞろ歩きの人混みを強引に掻《か》き分けながら再び突進を始めた。

「歩くの速いねえ」

目指す店は、ライブハウスがびっしりと軒を連ねる音楽街の一画にあった。いわゆるオープンガーデン方式というやつで、庭の中央にそびえる巨樹のまわりにテーブルが置かれ、その片隅で生バンドがレゲエを奏でている。テーブルの上には色とりどりの細いロウソクを溶かして固めたアートっぽい巨大なロウソクの灯が揺らめき、なかなかいい雰囲気だ。顔見知りらしいウエイターに、ラーがセンソムの小瓶とソーダ、氷のセットを注文する。タイではビールなら氷割り、ウイスキーならソーダ割り、いわゆるハイボールが常道である。

ラーが、手慣れた様子で二人分のハイボールを作る。氷を手づかみで入れると、右手の人差し指をグラスに突っ込んでくるくると掻き回した。

さすが、山岳民族。ワイルドである。

私は苦笑しながら、彼女とグラスを合わせた。野外テーブルなので、たちまち足下に蚊がたかりだす。すかさずバッグの中からタイガーバームを取り出し、手のひらに広げて足全体に塗るようにという身振りをする。

「へえ、蚊除けにも使えるのか」

マッサージ薬だとばかり思い込んでいた私は、妙なことに感心しながらソーダ割りをぐいぐいとあおった。ラーも、かなりのハイペースだ。

「ところで、キミはアメリカ人の家で家政婦をしながら英語を覚えたって言ったよね」

「うん」

「でも、チェンマイだろ。山の中のオムコイに居て、どうやってそんな仕事見つけたの？」

「それはねえ、長い話なんだけど」

「長くてもいいよ」

「聞きたい？」

「ああ、聞きたい」

「……じゃあ話すけど、絶対に誤解しないでね。あたしは、本当に何も知らなかったんだから」

「ああ、分かった。なんだかよく分からんけど、とにかく絶対に誤解しないって約束するよ」

ラーは、ためらいがちに話しだした。

夫が急逝して一年後、息子が就学期を迎えたのでまとまった学費が必要になった。そのとき、ラーは二十八歳。それまでは、亡夫の上司の妻に雇われてソムタム（パパイアサラダ）を売ったり、道路工事に出たり、山間医療の手伝いをしたり、カレン服の共同織り場で働いたりしてきたのであるが、喰うのに精一杯で学費などはとても捻出できない。

そこへ、チェンマイでレストランを経営して成功しているという村出身の年輩の女がやってきて、ラーに好条件を提示した。息子を次姉に預け、喜び勇んでチェンマイに出てきたラーは、案内された店を見て愕然《がくぜん》とする。そこは、レストランなどではなく、同じく騙されて山奥から連れ出された女たちが春をひさぐバービヤだったのである。

逃げ出そうにも、右も左も分からない初めての大都会である。手元には、村に戻るための交通費はおろか食費すらない。店には、屈強な用心棒もいる。「楽に稼げる」という女経営者の甘言や、あてがわれたいかがわしい衣装などの一切を拒否し、店の掃除やビールケース運びなどの重労働を選んで逃げ出すチャンスをうかがった。業を煮やした経営者は、女たち数人が寝起きする狭い雑居部屋にラーを押し込め、一日に一度の食事しか与えなかったという。

一週間が過ぎた。夜になって汚れたテーブルの上を片付けていると、客のファランがいきなりラーの手を引っ張り強引に外に連れ出そうとする。経営者の方を見ると、ニヤニヤしながらその様子を眺めているではないか。カッと頭に血が上ったラーは、とっさにテーブルの上のビール瓶をつかみ、その男の頭を殴りつけた。

すると、顔見知りになっていた常連客のひとりがラーの手を取って店の外へ駆け出した。路上に停めてあったバイクの後部座席にラーを乗せて急発進し、知人が経営するゲストハウスに逃げ込んだ。そして、パイロットをやっている友人のアメリカ人に電話をかけた。そのタイ人妻が病気がちなこともあって、ラーの苦境に同情した彼らは住み込みの家政婦として彼女を雇ってくれることになったのである。

私は、この武勇伝が大いに気に入った。

「ビール瓶で頭を叩き割って正解だったね。でも、俺と喧嘩になったときはビール瓶は使わないでくれよ」

「冗談にしないで。もしも、あのときファランが助けてくれなかったら、あたしはどうなっていたか分からないんだから……。でもね、本当はあたし、あなたのこともいつかやっつけてやろうかと思ってたんだよ」

「え？」

ラーが白状したところによれば、こういうことだ。

あたしは生まれ育った村では軍隊あがりの男勝りとして知られており、酔って騒いでも注意する男なんてひとりもいない。チェンマイでは若くてハンサムなファランもチヤホヤしながら近づいてくるし、何度か求婚されたことだってあるんだ。それなのに、この白髪頭の日本人はヤクザか軍人みたいな怖い顔で睨《にら》みつけながら文句を言ってきた。

本来なら、得意のムエタイで叩きのめすところだったのに、みんなに止められてそれはできなかった。だけど、どうにも気に食わない。翌朝挨拶しても知らんぷりで、ますます腹が立つ。そこで、廊下で毎朝待ち受けて、なんとか接触の機会をつくろうとした。

一番知りたいのは、こいつがどれほど強い男なのか。なんのために、チェンマイに長逗留しているのか。もしも、札束を振りまいて女を連れ込んでいるようなへなちょこスケベ親爺なら、喧嘩のきっかけをつくって蹴りを入れてやろうか。少しばかり気を惹いておいて、擦り寄ってきた途端殴り倒してやるのも面白い……。

やれやれ、危ないところだった。

「で、まだ俺に仕返しを狙ってるの？」

「へへへ、どうかなあ。それにしても、あなたは不思議な人だねえ。わざわざ日本からチェンマイに旅行に来ているというのに、ほとんど外には出かけず本ばかり読んでるでしょ」

「うーん、最初に来たときに名所旧蹟はほとんど見て回ったからね。本当はラオスやベトナムをもう一度訪ね、インドにも足を延ばすつもりだったんだけど、チェンマイのゆったりした空気がすっかり気に入ったんだよ。ラオスの人たちはちょっと愛想のない感じがしたし、ベトナムの人たちはせかせかしていて、横断歩道でもクルマやバイクが速度を緩めてくれないから怖くて渡れない。ミャンマーも気になるけど、民主勢力や独立を望むカレン族を迫害するような軍事政権だからなあ。だから、チェンマイにいるのが一番楽なんだ。それに、本を読むのは日本人の習性みたいなもんだから、ちっとも不思議じゃないと思うよ」

「そうだね、確かにこの宿でも日本人は本や漫画ばかり読んでるね。初めは、日本人全部頭がおかしいんじゃないかと思ったくらいだよ。でも、なんか違うんだよねえ、あなたの場合は」

「何が違うんだろう？」

「いつもひとりで行動して、みんなと一緒に騒いだりしないでしょ。連れ立って観光したり外へ飲みに行ったりドラッグをやったりしないし、お金を払ってバービヤの女性を連れ込んだりもしない」

「なんで、そんなことまで知ってるの？」

「だって、毎日観察してたから」

「仕返しのために？」

「うん、初めはそれもあったけど、なんか気になるんだよね。何かをじっと考え込んでいるような感じがして、放っておけないっていうのかな。それでも、暗いとか冷たいとかっていうのとはちょっと違う。話しかければ、ちゃんと穏やかに話をしてくれるし、英語も分かりやすいようにゆっくり喋ってくれるよね。初めは寂しそうにも見えたけど、あたしみたいな寂しがり屋ともちょっと違うみたい。だって、目の力はすごく強いから。じっと見られると、怖いくらいなんだよ。タイ人もそうだけど、特にカレン族は相手の目をじっと見たりはしないからね」

　人から自分の印象を聞かされたのは、いつ以来だろうか。それにしても、あまりゾッとしない外《そと》面《づら》ではある。

「とにかく、あたしは今まであなたみたいな不思議な人に会ったことがないんだよ。ねえねえ、それって奥さんが亡くなったせい？　奥さんを、すごく愛してた？」

「その話はあんまりしたくないなあ。だけど、カミさんが亡くなったあとで頭がおかしくなったのは確かだね。長いこと、薬がないと眠れなかったし」

「………」

話の切れ目に手洗いに立ってテーブルに戻ると、ラーが体をねじって背後に昇った月を眺めていた。

「あたし、月が大好き。死んだら、絶対あそこに行くんだ。きっと、安らかな世界なんだろうなあ」

少年時代、人類初の月面上陸の際にテレビに映し出された殺風景きわまりない映像を思い浮かべたが、口には出さなかった。

「日本人の目には、兎が餅つきをしているように見えるんだよ」

「ふーん。でも、あたしにはきれいな青白い光しか見えない」

不意に、涙がラーの頬を伝い落ちた。それから、妊娠中に自分を裏切ったという亡夫の話をぽつぽつと語りだした。亡くなった妻の話が、誘い水になったのだろうか。今し方聞いたばかりの勇ましい立ち回りや、向こう気の強い諜報・報復作戦との落差に、戸惑いを覚えた。

バンドが、ボブ・マーリーの「アイ・ショット・ザ・シェリフ」を奏で始めた。涙を指先で勢いよく拭き払ったラーは立ち上がり、リズムに乗って体を揺すり始める。右手の人差し指を空に向かって突き出してくるくると回し、両目を閉じて別世界に入り込んだような様は、恍惚境をさまようシャーマン（巫女）を思わせる。まるで珍しい生き物でも見るように、その横顔から目が離せなかった。

それから、私とラーはしばしば食事や外出を共にするようになった。

朝部屋を出て、彼女の顔を見ると妙にホッとするし、一日中その姿が見えないと少しばかり不機嫌になった。話どおり、男勝りのジャイローン（気性が激しくせっかち）ぶりを実感する事件も頻発したが、彼女が自由気ままに外に連れ出してくれることで、それまで知らなかったタイ人の素顔や宗教観、暮らしに根ざしたさまざまな風習に触れる機会も多くなったのである。

ソンテオ（ピックアップトラックを改造した赤い乗り合いタクシー）の運転手をしているウイワットという三十五歳のタイ人男性と親しくなり、兄弟のような付き合いが始まったのも、そのころのことだ。彼は、私とラーが激しくぶつかり合うたびに「マイミーバンハー（問題ないよ）」と呟きつつ、さりげなく緩衝材の役割を果たしてくれたものだ。もしも彼がいなければ、私はラーとの異文化をめぐる衝突の末、とっくにチェンマイを離れていたに違いない。ともあれ、この二人と知り合ったことで、私は日本で失ってしまった人づきあいの楽しさを徐々に取り戻していったような気がする。

そんなある日、フランス人のエレンがミャンマーへの旅を終えて宿に戻ってきた。彼女はラーの若い友人で、数ヶ月前にはラーの村にも滞在したことがあるという。ラーは飛びつくようにしてエレンに抱きつき、涙を流さんばかりだ。

情が濃いのである。濃すぎる、と言っていいかもしれない。

その夜、私は初めてラーの部屋に招かれ、エレンを囲んで時を過ごすことになった。エレンが大きなザックからミャンマー土産の巻き煙草を取り出し、ポケットの底にわずかに残っていたマリファナの粉を混ぜて差し出してくれた。私がマリファナを試したのは二十代のころの数回限りで、煙草もこの二十年ほど喫っていない。だが、私はためらわずにそれを喫った。煙はなんの抵抗もなくすっと肺に入っていき、咳き込むことも頭がクラッとすることもなかった。

その様子をニコニコしながら眺めていたラーが、エレンがラーの村で買ったという乾燥させたバナナの葉を手に取り、両の手のひらをこすり合わせるようにして器用に煙草を巻いてくれた。こちらは、少し青臭い匂いがしたが、ミャンマー煙草よりもさらに柔らかい。

「こっちの方がうまいや」

私は手元の煙草をラーに手渡し、村の巻き煙草をゆっくりと味わった。ラーが、ふとデックソン（いたずらっ子）のような顔をして、エレンの膝に右手を置いた。

「あのね、エレン。あたし、きっと、この人と結婚すると思う」

私は思いがけない言葉に咳き込み、やむなくピーアム（霊に憑かれて金縛り）の表情をしておどけてみせた。エレンが「グッドラック」と微笑みつつ、両目を大げさにくるくると回した。

翌朝、ラーが私の部屋のドアをけたたましくノックした。

「エレンと三人で、ファイトゥンタオに行かない？」

「ファイトゥンタオ？」

「うん、大きな水があるところ。泳ぎもできるよ」

「大きな水？　湖のことかな」

チェンマイの地図を取り出すと、濠《ほり》で囲まれた旧市街の北東郊外に人工湖の表示があった。宿の前で、ソンテオを拾った。三十分ほど走って市街地を抜けると、なだらかなカーブの先に青い山並みと湖が飛び出してきた。

水辺に突き出した茅葺《かやぶ》き・竹組みの浮き座敷にあぐらをかき、ビアシンを注文した。水はさほどきれいとは言えないが、向こう岸の山並みを映した静寂な湖面は、凝り固まった心と体を徐々にほぐしてくれる。目の前にいる二人の女は、限りなく陽気だ。とりわけ、ほろ酔いになったラーは絶えず冗談を飛ばし、けらけらと笑い転げている。

「ねえねえ、ダクリン（猿の尻）。おいしい魚料理食べたい？」

「おいおい、ダクリンはやめてくれよ」

「ほんの冗談なんだから、マイペンラーイ（気にしないで）。あたしが村で料理するのと同じ方法で蒸し魚を作ってもらおうと思うんだけど、それでいい？」

プラーニン（皇太子時代の平成天皇からタイ国王に献上された養殖魚、魚を意味するプラーに明仁の仁の音読みをつけて命名）の腹に香草をたっぷり詰めた蒸し魚が運ばれてくると、ラーはてきぱきとチョーン（アルミのレンゲ）で白身をむしって小皿に取り分けてくれる。あたりはばからぬ野性味と奔放さ、そして日本の古い時代の女性にも通じる細やかな心配りが同居する実に不思議な女である。ラーの勧めで、同じ魚のニンニクまぶし唐揚げにも挑んでみたが、さすがに片身だけで満腹になってしまった。

しばらく昼寝をしてから、女たちは水着に着替え湖に入って泳ぎ始めた。仏教の戒律から肌の露出を嫌うラーは、Tシャツに短い乗馬袴のようなタイパンツ姿である。岸辺からカメラを向けると、二人は同時に潜り、逆立ちの要領で勢いよく両足を湖面に突き出した。どうやら、シンクロナイズドスイミングの真似ごとであるらしい。まるで、小学生を遠足に引率した教師のような気分である。エレン二十四歳、ラー三十九歳。二人の自由奔放な振る舞いに苦笑しながら、私は五十三歳で逝った亡き妻に思いを馳せた。

着替えを済ませて席に戻ってきたラーが、どういう話の流れからか、すっと立ち上がって村に伝わる伝統的な踊りを舞い始めた。膝を柔らかく使って微妙に体重を移動させながら、しなやかに反り返らせた両の手首と指先で愛や花などを表現していくゆったりとした舞いである。普段のジャイローンぶりからは想像もつかないその優美な動きに、私は救われるような思いだった。

優美といえば、寺に参詣して仏像の前にぬかずくときの一連の所作も見惚れるように美しい。

初めて二人で訪ねたのは、チェンマイの名刹《めいさつ》ワット・プラシン（プラシン寺）であった。履物を脱いで本堂に入ると、やや腰を屈め普段とは違う上品な内股の摺り足でささっと歩を進める。巨大な金色の仏像を畏敬を込めて仰ぎ見るようにしながら静かに腰を落とし、正座から横座りに移る。その姿勢で掌《たなごころ》を合わせ、体をゆっくりと前に倒しながら自然に掌を開いて床につけ、両の親指と人差し指で形作った三角形の上に額を落とす。それを三回繰り返す。

次に、タイでは最大の吉数といわれる九本の線香に火を点け、それを合わせた掌の中指の間に挟み込む。私がいくら試しても線香はてんでんばらばらの方向を向くのだけれど、ラーがこれをやるとまるで九本の線香が指先から生えたようにぴたりと揃い、すっきりと立つ。それを額の前にかざし、目を閉じて長い長い祈りに入るのである。横目でその姿を眺めていると、不信心なこちらも思わず粛然とせざるを得ない。

参拝を終えて、ラーに声をかけた。

「何をあんなに長いこと祈っていたんだい？」

「先祖のこと、亡くなった祖父母や父のこと、病んだ母のこと、息子の行く末、そして私自身の来世の幸せについて。そして、亡くなったあなたの奥さんが心安らかでありますように」

「…………」

「ところで、あなたは仏様を信じる？」

「うーん、日本の仏教徒はほとんどがいい加減でね。信じているようないないような。それでも、困ったときには思わず手を合わせるけど」

「あたしは、仏様がいつもそばにいてあたしや家族のことを見守っていてくださるように感じるよ。だから、夜ふとんに入る前にも必ずお祈りをするんだ」

「さっきみたいに？」

「そうだよ。夜は線香は立てないけどね。夫が亡くなってチェンマイで働いていたときには、まわりからずいぶんとひどいことも言われた。だけど、あたしはいつも仏様が見守っていてくださると信じて、必死でお祈りをし、必死で働いた。少しお金ができると、真っ先にお寺やお坊さんにタンブン（寄進）をした。困っている年寄りや子供たちの手助けもした。だから、来世にはきっといいことがあると思うんだ。でも、最近は現世でもいいことが起きるような気がしてきたなあ。これも、よくよく仏様にお祈りしたおかげだね」

「それはよかった」

「何を人ごとみたいに言ってるの」

「え？」

お祈りをしていたときとは別人のようないたずらっ子の顔になって、ケラケラと笑い出した。

私がラーのことを新しいパートナーとして意識するようになったのは、同行したマッサージ店で意外な素顔を垣間見たときからである。

タイのマッサージ店では、まず最初にマッサージ師やアシスタントが客の足を洗ってくれる。私はそれを当たり前のサービスとして受け止めてきたのであるけれど、ラーはこれをとんでもないこととして拒否したのである。

「あたしの村では、足は不浄なものとされているんだよ。横になっている人の上をまたぐなんて、許されない。それを人に洗ってもらうなんて、あたしには絶対できないよ」

強い口調で言いながら彼女は勧められた丸椅子を脇に押しやって水浴び場に入り、自分で自分の足を洗い始めたのだった。

ふと、意識障害に陥る直前、喘ぐような息遣いのなか、それでもいたずらっぽい笑みをたたえながら言った妻の言葉が耳に甦る。

――わたしが死んだら、素敵な新しい奥さんを見つけてね。ただし、わたしと同じようにきれいで、賢くて、料理が上手で、心の優しい人じゃなきゃ駄目だよ。……ふふ、それは冗談だけど、きっといい人を見つけて楽しく暮らしてね。絶対に、約束だよ。

この日を境に、カレン族の伝統や風習について語り合うことが多くなった。

「あたしね、年寄りから昔の話をあれこれ聴くのが好きなんだ。今までで一番印象に残っているのは、昔の妻たちは夫が仕事に出かけるとき、長い黒髪の先で夫の履物を掃き清めてから外に送り出していたという話。なんだか、ロマンチックだと思わない?」

「うーん、それはちょっとグッとくるかなあ。でも男は嬉しいだろうけど、女の気持ちとしてはどうなんだろう。ちょっと、召し使いっぽいしね。キミ自身はやったことないの？」

「あたしは母親が決めた二十歳も年上のタイ人と無理矢理結婚させられたんだから、そんな気持ちにはなれなかったよ。なにしろ、半年間は抵抗して寝室を別にしてたくらいなんだから」

「ふーん、まさかビール瓶で殴ったりはしなかったろうな（笑）」

「そんなことはないけど、妊娠中に浮気の現場を押さえたときにはサンダルの踵で額を叩き割ってやったよ。そのあとは、また家庭内別居。夫は浴びるほど焼酎を飲んで、賭けゲームに明け暮れてすっからかんになって、ある朝、脳卒中で呆気なく死んじゃった」

「…………」

「とにかく、カレン族の女は昔っからひとりの男しか愛さないし、愛せない。再婚できるのは、死別した場合だけ。たとえ離婚しても、相手が生きている限りは再婚しないのが決まりなんだよ。だから、ウチの次姉も離婚してからずっとひとりでいるんだ。ファランや日本人は結婚しなくても自由に寝たりするらしいけど、あたしたちにとってそれは結婚と同じことなの」

「じゃあ、キミは旦那が死んでから十二年間、一度も男と寝てないって言うのか？」

「当たり前だよ。夫が死んでから、あたしはセックスのことなんか一度も考えたことがない。それが、カレン族の女なんだ。でも、まあ、最近の若い娘たちはそうでもなくなってしまったけどね」

「…………」

面白い。

ちと暑苦しいところもあるけれど、実に、面白い。

正直に言えば、時おり爆発するジャイローンぶりにはほとほと手を焼かされていた。言葉の壁もあり、酒が入って感情がもつれたときなど「ジュードー対ムエタイ」の異種格闘技戦に発展することもしばしばだった。だが、ラーの発する奔放な熱と刺激が、氷のように固まった私の心を次第に解かし、ともすれば閉じよう閉じようとする殻を強引にこじあけてくれたのは、確かな事実だった。

日本での居場所を失った初老の日本人と、まるで空から降って湧いたようなカレン族の女。どうにも厄介な関係には違いないが、彼女と一緒にならなら生き直せるかもしれない。少なくとも、ひとりで鬱々と考え込んでいる暇だけはなさそうである。

そして、そのとおり、私たちは些細なことでぶつかり合っては仲直りし、仲直りしてはまたぶつかり合いを繰り返しながら、まったく違う世界と価値観の中で生きてきた二人の間の距離を徐々に縮めていった。二ヶ月ほど、一緒に旅もした。亡き妻の命日には、二人して山上の寺に詣でた。その旅の延長として、私は誘われるがままにラーが生まれ育ったオムコイの地に足を踏み入れることになったのである。

二〇〇七年十月末。妻が逝って、三年が過ぎようとしていた。

第三章　困ったもんだ《ナッケー》！

ある夜、底が抜けそうな割竹床の囲炉裏端で村の衆と焼酎を酌み交わしつつ、ふとこんな言葉が口をついて出た。

「今度の地震や津波のような大きなニュースにはならないけれど、今の日本には飢え死にしたり、誰にも気づかれないまま死んでいく孤独な年寄りがいるんだ。若い人たちだって、息の詰まるような閉塞感や希望の見えない明日に苛立っている。心を病む人もたくさんいて、毎年自殺する人の数は数万人にも上るんだよ。それに較べれば、この村で暮らすあんたたちの方がずっと豊かに見える」

大震災の話をよそに、なぜそこへ目が行ったのかは、自分でもよく分からない。みんながキョトンとした顔になり、それから肩をつつき合いながら爆笑した。

「クンター、またまたそんな冗談言って。そりゃあ、地震や津波や放射能の被害に遭ったから大変には違いないだろうけど、日本人が世界有数の金持ちだってことぐらい俺たちだって知ってるんだよ」

確かに、長引く不況のうえにあの大災害が重なったとはいえ、日本人の平均収入とこの村の平均収入とでは、比較にならないほどかけ離れている。村の衆が着ている手織りのカレン服やTシャツ、ズボンなどは、ほとんどが薄汚れて穴だらけだ。私の服も、突然パッと燃え上がって火の粉を散らすバナナ葉巻（ハバナではない）のせいで穴だらけには違いないのだが、彼らの服の傷み方や汚れ具合とは年季が違う。

それでも、タイの緩やかな経済成長につれて、近年この村にもテレビが徐々に普及しており、村の衆が日本の様子を目にする機会も増えてきた。映像や噂話を通じて表面的な繁栄の様を目にし耳にすれば、誰もが日本を豊かな国だと信じ込んでも不思議ではないだろう。この私にしても、彼らの月収あるいは年収の何倍もするエアチケット代を払い日本からやってきて、田んぼも持たずろくな狩猟採取活動もできないくせに、村ではまだ珍しいパソコンなどいじりながら、彼らの目から見れば「贅沢《ぜいたく》に」暮らしているのである。

だが、その豊かなはずの日本で、なぜ人々は心を病むまでに追いつめられ、飢え死にや孤独死の不安に苛《さいな》まれなければならないのか。そして、日本よりもはるかに貧しいこの村で、なぜ人々は飢え死にも孤独死も出さず、空っけつの財布を懐にさほど明日を思い煩うことなく、淡々と日々の暮らしを営み続けていけるのか。

かつて日本で暮らしていたころ、私は常に遅れてはならないという焦燥感に取り憑《つ》かれていたように思う。それは、フリーの物書きという仕事につきまとう宿命でもあったのだけれど、現代におけるすべての日本人にとって、その対象がビジネスであれハイテクであれ文化現象であれファッションであれ、時代の流れに取り残されないことは、ある種の強迫観念になっているのではあるまいか（大震災後の日本の空気については、私は実感をもって語ることができない）。

従って、普段の暮らしの中で「生きるために何かの命を奪い、いただく」ことなどは忘れられがちだ。かつての私も、朝の時間は数紙の新聞を慌ただしく広げたり、テレビニュースやネットをチェックすることに追われ、合間に上の空でコーヒーを啜《すす》ったり、トーストをかじるのが常であった。取材や打ち合わせの時間に遅れそうになり、駅の立ち食いそば屋やファーストフード店に駆け込んで、咀嚼《そしゃく》している物の出自に思いを致すことなく、機械的に胃袋を満たすこともしばしばだった。

しかし、この村で暮らすようになってから朝一番にやることといえば、寝ぼけ眼のまま囲炉裏端で薬木茶《やくぼくちゃ》をふうふうと啜りつつ、あるいは昨夜から水に浸け込んでおいた餅米を笊《ざる》で蒸《ふ》かしつつ、「さて、今朝はどの命をいただこうか」と考えることなのである。

草ぼうぼうの庭には、唐辛子、ウコン、ハーブなど数種の香辛草や薬草が植わっている。雨季のこの時期、野菜棚からはタイの食卓には欠かせぬ五十センチほどの長豆や巨大な冬瓜《とうがん》がぶらさがっている。裏庭の野菜畑では、日本の小松菜をたくましくしたような花野菜が黄色の花をつけて野放図に伸び盛っている。小臼で唐辛子や薬草を搗《つ》き、ピリ辛のタレを作れば、これらの自家製野菜だけで立派なおかずになる。

家のそばの小川ですくった小魚やエビ、息子たちが捕ってきたカブトムシやコオロギでもあれば、これらをゆがいたり煎《い》ったりして一緒に搗き込み栄養価を高めることもできるのだが、昨日はあいにくどちらも不漁だった。

「今日は鶏をつぶすか」

そう声をかけると、嫁のラーがさっそく高床の下にもぐり込んで放し飼いの鶏を捕まえにかかる。

彼女は動物と話ができるのが自慢で、カレン語でなにやらぶつぶつ言いながらそっと右手を差し出すと、不思議なことに鶏たちは吸い込まれるようにその手に胸を預けるのである。

わが村では、首を落としての血抜きはしない。手渡された鶏の喉をわしづかみにして、ギュッと絞めること数分。断末魔のあがきと哀しき痙攣《けいれん》を経ての昇天を見届けたところで、熱湯に浸して羽をむしり、囲炉裏で体表をこんがりと焦がす。腹を割いて、内臓を取り出す。心臓、肝臓、腎臓、砂肝はもとより、腸の内部も細い棒を使ってきれいにするから、捨てるところなどほとんどない。村の衆は、鶏冠《とさか》や蹴爪《けづめ》まで焼酎のつまみにしてしまうのだ。頭も脚もそのままの全身丸ごとを、茹《ゆだ》った大鍋の中に放り込む。茹《ゆ》であがると、ずっしりと重い大振りの調理用蛮刀でぶつ切りにし、肉を手で大雑把にむしり裂いて、薬草や唐辛子を搗き込んだ辛いスープに浸す。その上に、パクチーなどの香草を添えて和えるのである。

絞めてから鶏鍋にありつけるまでには、たいてい一時間半近くかかる。これが、ちと現金収入のあったときなどのラープムー（豚肉の血まぶし叩き）ともなれば、二時間は見なければならない。自ずと、気が長くなるのも当然である。

喰うことよりも大切な約束や仕事など、村には取り立ててない。約束を破ったとしても、さほど目くじらを立てる者もいない。それで、誰かが命を落とすわけでも、地球が消えてなくなるわけでもないのだから。

その間、近くに住む甥っ子や親戚や友人たちがぶらりとやってきて、焼酎を酌み交わしながら調理を手伝ってくれる。鶏鍋ができあがると、中央におかず、周囲に飯を盛った丸盆を全員で囲む。「もうすぐ牛の赤ん坊が産まれそうだ」だの「あそこの爺さんが具合が悪いらしい」だのとワイワイ言いながら呆れるほど大量の米や餅米をもりもりと喰い、食べ終えた者から順々に牛の世話や田んぼの草取りに出かけてゆく。

食べている間に家の前を通りかかる者があれば、必ず「飯喰ってけ！」と声をかける。すると、朝飯にありつけなかった人は遠慮なく上がり込んで相伴する。もちろん、こちらが飯どきに人の家の前を通りかかれば、必ず同様の声がかかる。従って、北タイ屈指の僻地《へきち》と目されるこの寒村では、飢え死にや孤独死などはしたくってもできやしないのである。

よその土地で食い詰めた流れ者や、西側の山を越えて軍事政権から逃れやってきた密入国のミャンマー人などがふらりと村に紛れ込んできたときにも、村人たちは同じように淡々と迎え入れ、とりあえずは「飯喰ってけ」と声をかけるのであった。

かつての日本でも見られたような、奥ゆかしい風習も残っている。老若男女を問わず、人の前を横切ったりそばを通るときには必ず深く腰を屈めて失礼の意を表するのである。私がテレビを眺めているときなどには、こちらが申し訳なくなるほど腰を完全に二つに折って両手の先で床をこするようにしながら、済まなそうな顔でそろそろと前を横切ってゆく。

顔を合わせた年長者に対しては、鼻の前で掌《たなごころ》を合わせ頭を下げる丁寧なワイ（合掌礼）をするし、子供たちは「こんにちは」にも「行ってきます」にも「ただいま」にも使うサワッディカップ（女性はサワッディチャーオ）という北タイの挨拶語を元気に発しながらワイを送ってくる。

鶏や豚を料理したときには、一番のご馳走である肝臓を年長者に差し出すのが決まりだ。よその家で飯を相伴するときには、米袋が空でない限り自分で食べる分の米を持参するのが礼儀でもある。後片付けや皿洗いは、若い衆や子供たちの仕事だ。

九州の片田舎で生まれ育ったせいかもしれないが、私が子供時代を過ごした日本の昭和三十年代には、農村のみならず、町暮らしにもこうした昔ながらの風習や心遣いが残り、ゆったりとした時間が流れていた。

米や味噌が足りなければ隣近所で貸し借りをしたし、しばらく顔を見かけない人がいれば、誰もなく様子を覗きに行ったものだ。家には、近所の人や親戚連中が余ったおかずや摘みたての野菜などを手にしょっちゅう顔を出した。むろん、たいていが貧しく、テレビや電話もさほど普及していない不便な暮らしではあったけれど、今に較べると人々の顔つきも言葉もはるかに穏やかで、情報やトレンドなどという得体の知れないものに追い回されることもなかった。

わが家の場合、父親が早くに逝ったせいもあろうが、小学校低学年のころはまだ竃《かまど》に薪をくべて調理をしていた。母親が家の土間で商う駄菓子屋用の冷蔵庫は、四角に切り出した氷の塊で冷やすものだった。丸い卓袱台《ちゃぶだい》を囲んでの晩飯を終えると、家族みんなでラジオ番組を聴きながら、畳の上に寝転がって本を読んだり宿題をしたりした。傍らには、いつも母親が縫い物をする姿があった。

布巾や雑巾なんてものは自分の家で縫うものだったし、洗濯はたらいと洗濯板を使ってするものだった。服が破れれば、母親が端切れを使って継ぎ当てをしてくれた。まだ若かった母親の化粧品といえば、西日除けに軒下に植えたヘチマの蔓《つる》から瓶に集めたヘチマ水である。そのヘチマの皮を剝《む》いて乾燥させると、銭湯に持っていく垢擦りになった。

町内の数軒の家にぽつぽつとテレビが出現すると、子供たちは誘い合って押し掛け、人気番組に見入ったものだ。当時のテレビには、開き戸付きのケースやビロードの垂れ幕がセットになっており、誇らしげな顔の主人が重々しくそれらを開いたり巻き上げたりして画面が姿を現すと、「おおっ」というどよめきが起こる。リモコンなどはなく、チャンネルはつまみをひねって切り換えるのである。まだ扇風機しかない狭い部屋はムシムシして、前後左右で汗ばんだ肌がくっつき合うのだけれど、それでも最高に幸せな時間だった。

まわりには子供たちが一日中遊び回っても飽きることのない自然や探検場所が、まだまだ豊かに残されていた。こうした昭和三十年代そのままの〝古き良き村社会〟を、私はこのオムコイという北タイ山中のカレン族集落で見つけたのである。

今私が暮らすタイには、時には無責任すぎるとも思えるほどにのんびりした国民性を象徴する「マイペンライ（大丈夫、気にしない）」という言葉がある。

約束の時間に大幅に遅れても、マイペンライ。バイクで人に軽くぶつかっても、マイペンライ。

明日に食べる米がなくなっても、マイペンライ。軍事クーデターで政権が倒され、死者が出るほどの騒乱が続いてもマイペンライ。

暢気《のんき》な顔でこれをやられると、苦笑混じりに体の力が抜けて、怒ったり、大げさに騒ぎ立てる気持ちなど途端に失せてしまう。むろん、歴史も風土も気候も時代背景も異なるのだから一概には言えないのは承知のうえだが、少なくとも高度成長期を控えた日本の昭和三十年代初期には、「今日が駄目でも、明日があるさ」「互いに助け合って生きていけば、そのうちなんとかなるだろう」というマイペンライに通じる楽観的かつのんびりした気分、言葉を換えれば人間としての豊かな心持ちやゆとりが満ちていたように感じるのは、私だけだろうか。

すでに触れたとおり、私がこの村で暮らすようになったのは、ほんの偶然による巡り合わせからだった。あまりの不便さと異文化への戸惑いから、逃げ出そうかと思ったことが何度もある。実際に、何度か家出も試みた。また、平成も時を重ねて、昭和三十年代を知らないどころか、生まれたときからパソコンや携帯電話に囲まれて育った世代が増殖している昨今だ。従って、そのすべてを礼賛するつもりなどさらさらない。

ただ、妻の死を契機に深く心を病み、自死の不安に苛まれていた私が、この村で失いかけていた何かを取り戻し、息の詰まるような日本を捨てて骨を埋《うず》める覚悟を決めたことだけは、間違いのない事実なのである。

だって、今どきの日本では気軽に米や味噌の貸し借りなんてできやしないし、継ぎ当ての服じゃあ近所だって出歩けない。腹を空かして、思わせぶりによその家の前を通りかかったところで、誰も「飯喰ってけ！」なんて声をかけてくれないもんなあ。

＊

標高千メートルを超えるわが村の朝は、霧の中で明ける。

とりわけ、明け方に五度近くまで冷え込むこともある十一月から二月にかけては、午前九時ごろまで霧が晴れないこともしばしばだ。五時前に一番鶏が鳴き始め、五時半になると人の足音や水を使う音、くぐもった話し声が聞こえだす。

いつものように五時半過ぎに目を開けたラーは、子供が寝返りをうつときのように勢いよく足を絡めてくる。就寝前、枕の塵《ちり》を丁寧に払って仏に三拝していた厳粛な姿とは大違いである。これをやられると、亡き妻の介護で腰椎がずれてしまった私の腰には痺れが走るし、時には膝蹴りになって腹部を直撃したりするから困ってしまうのだが、半分寝ぼけているから何度注意しても結果は同じだ。

「こら、デックソン（悪ガキ）！」

子供を扱うように軽く尻を叩くと、やっと足をほどくものの、今度はファラン（欧米人）の恋愛映画で習い覚えた朝の口づけをしようとする。このとき、映画どおりに両手で頬を包み込んでくれるのはありがたいのだけれど、私がむこう向きになっているときにもこれを強引にやろうとするものだから、妙な角度で首をねじってしまうことになる。

「イテテ……」

たいてい、この騒ぎで三男のポーが目を覚ます。

隙間だらけの割竹壁の向こうから声変わり前の甲高い声が響くと、ラーが苦笑しながら、

「メー（母ちゃん）！」

「起きたのかい？　じゃあ、顔を洗って米を研ぎなさい」

とカレン語で声をかける。ポーは、「はーい」と素直にこの指示に従う。今どきの日本では、なかなか見かけ難い光景ではあるまいか。

知り合ったころは息子がひとりと言っていたはずなのに、村に来てみると十九歳のヌンを筆頭に十二歳のイエッ、十歳のポーと三人の息子がいるのには驚かされた。確かに、腹を痛めたのは長男のヌンだけらしいのだが、夫が脳卒中で急死したあと、外で産ませた二人の男の子の存在が発覚した。生活手段を持たないその女に泣きつかれて引き取らざるを得なくなり、わが子同然に育ててきたのだという。これもまた、仏の道に近づくタンブン（功徳）の一種には違いない。

タンクトップの上に、私のフリースジャケットの袖をまくりあげて羽織り、短い袴のようなタイパンツを身に着けると、働く母ちゃんのいでたちができあがる。明け方の鶏鳴のせいで寝足りない私は、ラーのうるさいほど陽気な鼻歌を聞きながらふとんをかぶり直す。

板張りの母屋から一段下がった割竹床の台所隅に切った炉端、つまり私がふとんをかぶり直した寝室の真横で、松の木に似た焚きつけを鉈《なた》で裂く激しい音がする。しばらく静かになったかと思うと、今度は薪に火が移り始めたときに出るいがらっぽい煙が割竹壁の隙間から寝室に流れ込んでくる。明け方の気温が二十度を超える乾暑季は別にして、寒がりのラーは起き抜けに必ず火を熾《おこ》し、体を温めながら竹の根で作った細い女用のカレンパイプを吹かす。

この村では煮炊きは薪で行うのが普通で、わが家のようにプロパンガスや炊飯器を併用している家はまだ珍しい。電気の普及率は、ざっと見積もって六割くらいだろうか。わが家の場合、玄関口と屋内とトイレに蛍光灯が一本ずつ、家電製品といえばテレビ、DVD&CDプレイヤー、炊飯器、冷蔵庫くらいなもので、次姉の家に引いた蛍光灯一本分の支線代を含めても、月々の電気代は三百バーツ足らずだ。日本人の暮らしとしてはごくごく質素なものだが、村ではかなり贅沢な部類に属するだろう。離婚後に、村を一歩も出ることなく二人の息子を育ててきた次姉の家には、家電製品など何ひとつない。もっと山奥の家に行けば、庭先に置いた小さなソーラーパネルで長さ三十センチほどの蛍光灯一本分の電力をまかなっていたりもする。電話線などは、むろん引かれてはいない。家庭用の据え付け電話の時代を経ることなく、数年前からいきなり携帯電話が現れたのである。

さて、薬缶《やかん》で湯を沸かすシューッという音を遠くに聞きながら、私は再び眠りに落ちる。たいていは六時半ごろ、朝の挨拶にやってきた甥っ子ジョーとラーが交わす大声や、息子のポーが登校準備に走り回る騒ぎで目覚めることになる。村には、人に気を遣って静かにするという習慣がない。

ち眠ってなどいられないのである。

具合が悪くて横になっているときですら、頭の上で遠慮のない大声が飛び交うことになり、おちおかかっている。

寝起きの一服のあと外に出て、隣近所の親戚や友人とのお喋りを済ませたラーは、朝餉《あさげ》の支度にかかっている。

まな板は、マカーム（タマリンド）の丸太を断ち切った直径三十センチ、厚さ六センチほどの円形のものだ。直径一〜二センチの小さな玉ネギを包丁で刻み、刃先の峰が山形を描く幅広の蛮刀の腹でニンニクを叩きつぶしては、直径十五センチほどの小臼に放り込む。赤や緑の生唐辛子、塩や唐辛子練り味噌などの調味料、庭に植わったウコンやハーブなどの薬草を加えながらすりこぎのような形の片手杵《きね》で搗くと、コンコンコンという心地よい音が響き渡る。

まな板を包丁で叩くトントントンという音が日本の朝餉の象徴だとすれば、臼を搗くコンコンコンという響きは、まさにこの村での朝餉の象徴といえるだろう。

「おはよう、クンター。今日もライガー？」

タオルを首にかけて寝室を出た私をラーが振り返り、いつもの挨拶を送ってくる。ライガーとは「強い」「元気」といった意味のカレン語であるが、そこには「男の力」という意味も含まれていて、いわゆる下ネタの部類に属す。村で暮らし始めた当初は、朝っぱらからなんということを言うのだと呆れたものだが、ラーのみならず村人にとっての下ネタは、まあ朝の挨拶みたいなものだ。

隣家のプーノイ（修行した人・出家経験のある老人に対する尊称）なども、顔を洗いに出て顔を合わせるたびに、

「クンター、昨夜は何回喜ばせた？」

などと声をかけてくるのである。そこで私も、「五回！」などと大嘘をこくのであるが、それが言葉の通じぬ者同士のコミュニケーションとなり、邪気のない笑い声の中で〝元気な〟一日が始まるというわけだ。

ところで、プーノイは私より九歳年上である。その彼が、なぜ年下の私をクンター（爺様）などと呼ぶのか。そのことについて、少し触れておかねばなるまい。ラーが私のことをクンターと呼ぶようになったのは、チェンマイや旅先でしきりにぶつかり合っていたころ、私がこうたしなめてからである。

「俺はもう五十五歳で爺さんなんだから、喧嘩なんかしないで静かに暮らしたいんだ。お前さんだって、甥っ子や姪っ子にはもう赤ん坊がいるって言ったじゃないか。これから俺はお前さんのことをクンヤーイ（婆様）と呼ぶから、お前さんは俺のことをクンターと呼ぶように」

それから、ラーは面白がって私をクンターと呼ぶようになったのだけれど、さすがに四十歳前の女を「婆様」と呼ぶのはかわいそうだ。そこで、いつしか私の呼び名だけが残ったというわけである。村で暮らすようになってからも、ラーが説明抜きでクンターを連発するものだから、プーノイのように年上の人たちも仕方なく私のことを爺様と呼ぶようになった。なかには、私の日本名を呼

ぼうと試みた人もいたのだけれど、なかなかうまく発音することができず、いつの間にかクンターに落ち着いてしまったのである。

三人の息子たちも、ポォー（父ちゃん）ではなくクンターと呼ぶ。顔見知りの若い女先生や看護師などは、「こんなに若くてハンサムなお父さんをお爺さんと呼ぶなんておかしいわよ」と冗談まじりにたしなめてくれたりもするのであるが、私自身はこのクンターという呼び名が、いろんな意味での緩衝材の役割を果たしてくれているような気がしている。

第一、タイでは老人を尊敬する風習が根付いているから、誰もがぞんざいな扱いはしない。息子たちにしても、年の離れすぎた私を父と呼ぶのには抵抗があったろうが、爺様と呼ぶことで生々しい感情が拭われたのではあるまいか。私自身も彼らとちょっと距離を置くことで、うまくバランスが保てているように思うのである。

その証拠に、初めて顔を合わせたとき三男のポーはためらうこともなく元気な声で「クンター、こんにちは！」と挨拶をし、その場で魚釣りに誘ってくれた。釣り場に着くと、ミミズの付け方やタイミングの合わせ方を懇切に指導してくれ、「この木のトゲには気をつけろ」だの「こっちの方がよく釣れる」だのと、まるで保護者のように振る舞うのであった。

夕刻になれば、私の飯を驚くほど山盛りによそり、おかずの中から「ここが一番おいしいんだよ」と大きな魚の白身をすくって皿に載せてくれる。そして、タイ語で「キンユッユッ（たくさん食べなさい）」。普通、これは大人が子供に言うべきセリフであろう。

あとでラーに訊けば、「クンターは新しいお父さんだけど、ちょっと年取ったお父さんで村のことは何も分からないのだから、しっかりお世話をするように」と言い含めたのだという。もっとも、彼自身にとっては「お父さんというよりも、ちょっと変わったおじさん」という感覚らしく、なによりもテレビやアニメなどで見聞きする日本人という存在に興味をそそられたようだ。ラーとの再婚直後に私が日本へ一時帰国したときなど、彼は拾ってきた仔犬に、ラーの日本語勉強帳から見つけた「元気」という名前を与えた。

彼の愛称であるポーは、タイ語で「もう充分」を意味するポーレオから取られた。昔の日本人の名前にもよくあった「留男《とめお》」といったところだ。考えようによっては、実に気の毒な愛称なのだが、私はこの素直で面倒見のいいカレン族少年の留男くんと、すっかり友だち関係になってしまった。むろん、時には親らしく説教をしなければならない場面もあるが、この基本的なスタンスは今も変わらない。そして、彼の素直さと面倒見の良さも相変わらずだ。もっとも、中学生になった最近では、反抗期らしい兆しもほのかに見え始めてきたのだけれど。

今日の朝飯は、五月半ばから始まった雨季には欠かせぬ竹の子料理である。わが村で採れる竹の子は、日本のものとは違って直径一～二センチと細長い。炉にかけた鍋で一時間ほどぐらぐら煮て、皮を数枚剥ぎ薬味に浸けて食す。白くとろんとなった芯の部分は、えぐみもなく実に甘い。この甘味が、ぴりっと辛い薬味と絡みあって、皿に盛った飯（茶碗二～三杯分くらいだろうか）など、ぺろりと平らげることができる。

とんでもない辛さを好むラーは、私の分と二種類の薬味を作ることが多い。ゆがいた竹の子を薄切りにして、豚肉と一緒に煮込んだりもする。薄切りを塩漬けにすれば、翌年までもつ保存食となる。

隣家のプーノイが取り仕切る簡素な結婚式を挙げてから、すでに二年近くが経つ。そろそろ新鮮味も失われるころだろうに、ラーは今朝も竹の子を薬味に浸けては私の口に含ませてくれる。そして、首をかしげるように顔を覗き込み、タイ語で「アロイマイ（おいしい?）」と訊く。通常は、タイ語で「アロイ」、もしくはカレン語で「オイテテ」と答えるところであるが、朝の下ネタに慣れてきたこのごろでは、私も答えにひとひねりを加えるようになった。

「アロイチンチン!」

これはタイ語で〝本当においしい〟という意味であるが、ラーはすでに日本語の意味も知っている。そして、カレン族が使うタイ語ではチンチンの上にオをつけて、「アロイオーチンチン」と発音するのである。私の答えにラーは大喜びで、まだ飯の途中だというのにいきなり右手を私の股間に延ばしてくる。この開けっ広げさが彼女の身上《しんじょう》なのではあるけれども、時には人前でもやってしまうので、私はその手を思い切りひっぱたくことになる。すると、朝飯を相伴していた親戚や友人たちは、眉をしかめた顔を左右に振りながら、溜め息まじりに「ナッケー（困ったもんだ）」と呟くのだ。

私たちが飯を喰っているのは、細い道路に面した前庭から四メートルほど入ったところにある沓《くつ》脱ぎ場兼ベランダである。とは言っても、不揃いの平材を打ち付けた狭い板の間にゴザを敷いただけだから、うっかりすると隙間に足を突っ込んで足首を挫いたりする。土地が傾斜しているので、西側が高床、東側が低床の半高床式住居で、このベランダへの階段の高さは五十センチほど。西側の床丈は、一メートル五十センチくらいだろうか。

時おり、空からパラパラと降ってきてご飯やおかずに紛れこむのは、長さ一センチ、幅五ミリほどのマカーム（タマリンド）の葉っぱである。長さ十センチほどの実は、空豆の莢《さや》のような形をしている。数個の褐色の種子を包む果肉は酸味が強く、野菜スープを中心とするカレン族料理には欠かせない。

幹まわりが二メートルを超え、高さは測定不能のマカームの巨樹が立つ二百坪足らずの土地は、ラーが母親の腹の中にいたとき、阿片中毒で弱った体をマラリアにやられて亡くなった父親が遺してくれたものだ。家の方は、夫の急逝後に町のワット（寺院）から援助を受け、親戚総出で急ごしらえしたのだという。

〝世界一の金持ち〟と目されている年輩の日本人がタイの女性と結婚する場合、高額な結納金を納めたうえにバイクとクルマ（縁起物なので新車に限る）、それに土地を買って新居を建て、さらには実家まで建て替えるという踏み絵のようなプロセスをたどらねばならぬという話はよく耳にする。

「百万円も出せば、十八歳くらいの山岳民族の少女と結婚できますよ」

私自身もチェンマイに来た当初、教育支援ボランティアをしているという日本食堂の亭主から耳打ちされて驚きかつ呆れたことがあった。そして、実際にこうした仲介者を通じて、娘や孫のような年齢の嫁をもらう年輩者も少なくないようだ。幸いなことに、ラーはそのいずれも要求せず、むしろ粗末とはいえ住む家もあったわけだから、きわめて恵まれた条件でのスタートだったと言えるだろう。結婚の際に購入したのは、町に出る際の必需品である中古バイクと年金代わりの数頭の雌牛くらいである。

土地を遺してくれたラーの父親は、中国共産党に追われ雲南省から国境越えで敗走した果てに村に住み着いた国民党の残党だったらしい。一方、カレン族である母親の年齢は八十代半ばとしか分からない。高齢ながらいたって健康で、好物の焼酎をぐい呑みで数杯あおってもケロリとしているけれど、残念なことに緑内障を放置していたため数年前に視力を失ってしまった。

どういうわけか、母親は亡くなった父親のことを子供たちに一切語ろうとしなかったという。そして、今は精神的な障害からか一晩中何事かを喚《わめ》き続けるようになり、まとまった話はできなくなった。父親には二人の妹がおり、今も健在ですぐそばに住んでいるのだけれど、なぜか彼女たちもラーの父親について詳しく語ろうとしない。

写真も遺品も、一切ない。だから、ラーも次姉（昨年死去した長兄と町に住む長姉は父親が違う）も、父親についてはほとんど何も知らないのである。

後年、ラーが村の古老たちに懸命に訊き回ったところ、
「父親は筏《いかだ》に乗り、大きな川（メコン川だろうか）を下ってタイにやってきた。とてもハンサムだった。細長いサムライ（刀のこと、軍刀だろう）を数振り持っていて、戦争中にこれでたくさん人を斬ったと言っていた。金持ちで田んぼも水牛もたくさん持っていたけれど、阿片に溺れるようになってからすべてを失い、わずかな土地だけが残った。遺品の刀は、親戚の誰かが盗んで売り払ったらしい」

といったことが、箇条書き程度に分かっただけだ。

娘時代の母親については、第二次世界大戦末期に村に進駐した日本軍との間のエピソードが残されている。軍人たちは空からパラシュートで舞い降りたり、たくさんの馬に乗ったりして、タイ人通訳と共に村にやってきた。各家に分宿し、すぐさま村人たちを駆り出して防空壕を掘ったのだが、連合軍の空襲があるたびに、ひとりの若い軍人が彼女を真っ先に防空壕に導いてくれたのだという。その軍人は「戦争が終わったら一緒に日本に行こう」とまで言ったそうだが、すでに親の決めた婚約者がいた母親は、この申し出を断った。

駐留期間は、さほど長くなかったという。ある日、兵隊たちが山越えでビルマ（ミャンマー）方面に向かうことになった。村の男衆は水牛の背に食糧や弾薬などを積み、自らも重い荷物を担がされ山奥まで案内させられることになった。わが一族の長老である叔父の話によれば、暴力をふるわれることはなかったというが、相手は武装しているのだから嫌とは言えない。無償での食糧供出に

も、応じざるを得なかった。そのころは数頭の象もいたから、その背にも荷物をいっぱい積んで山道をぞろぞろ行進した。数日後、彼らは村の衆を村に返し、そのまま山を越えて行った。そして、二度と村には戻ってこなかった。

これは、あの無謀なインパール作戦（一九四四年、日本軍がタイ—ビルマ経由でインドへの侵攻を目指し、多数の犠牲者を出して敗走。退却路は白骨街道と呼ばれた）の進軍途上の出来事だったに違いない。別の山奥の村では、ある日突然、列を乱した日本兵がなだれ込んできて、怪我人や病人を放り出し、あたふたと逃げ去ったというが、こちらは同作戦の失敗による敗走兵だったのだろう。

ともあれ、ラーが「ヤクザか軍人みたいな怖い顔をした日本人」の私に興味を持つようになったのは、この母親のエピソードが頭にあったからだともあとで聞かされた。

初めて村を訪ねたとき挨拶に行くと、色白で細面、少女のような愛らしい顔立ちをした母親は、顔をくしゃくしゃにして私の両手を握りしめ、「日本人が来た、日本人が来た」と涙ながらに喜んでくれたものだ。母親の心の中には今でも、優しかった日本人の思い出が宿っているのだろうか。また、駐留部隊は一定の規律を保っていたらしく、戦争時代をわずかに記憶している古老たちも日本人の私を好意的に迎えてくれたものだ。

「北タイのこんな山奥で生まれ育ったあたしと、日本からはるばるやってきたクンターがチェンマイで偶然に巡り会ったのは、きっとその軍人のピー（霊）の導きに違いない」

当事者はまだ存命かもしれないのだが、ラーは勝手に彼をピーにしてしまい、今もしきりにこの話を繰り返す。

家のまわりは、親戚だらけである。わが家は村の西側のどんづまり、川に下る細道の少し手前に位置しているのだけれど、一帯に眷属《けんぞく》が肩を寄せ合うように暮らしているのだ。西側の隣家に、従姉のメースアイの家族。その向こうに、従兄のベッの家族。道寄りに長老の家族が二軒に別れて住み、その向こうにはもうひとりの叔母が小さな小屋で独り暮らしをしている。

さらにその向こう側に、従弟ターチィの家族。道路を挟んで向かい側に、従兄マンジョーの家族。少し奥まったところに、次姉の家族。他にも、わが家の向かいの副村長の妻は母方の遠い親戚だというし、その母親は亡くなった義兄の再婚妻だったりするから、頭が痛くなってくる。今もって、正確なところは私にもよく分からない。ラーですら、時おり混乱するほどなのである。

これら近隣の親戚の間では、簡単な用事はすべて家からの怒鳴り合いで済ませてしまう。ラーが食事の支度中に、あるいは本を読んでいる私の後ろを通りながらいきなり大声を出すので、こちらは心臓が飛び出そうになるほど驚くのだけれど、ただ単に「ニンニクある?」とか「米を貸してくれる?」などという会話をしているにすぎないと聞けば、へなへなと体の力が抜けてくる。

「何かを怒鳴るときは、とりあえずベランダに出てからにしてくれ」

そう厳命はしてあるのだが、寝るときに内鍵を締めないのと同様、長年の習慣はなかなか変わらないもので、日本仕様のひ弱な私の心臓もかなり鍛えられた。

村に来て最初に連れていかれたのは、西隣の従姉メースアイの家だった。彼女は、私と同い年である。メースアイというのは「きれいなお母さん」という意味の愛称で、なるほど、笑うと深い皺《しわ》の下から昔はさぞやという愛らしい顔立ちが浮かび上がる。中国人の父親は確かにハンサムだったらしく、親戚連中はたいてい目鼻立ちが整っている。顔立ちも日本人と似通っており、そこいらにもカレン語はおろかタイ語も不得手な私が村に溶け込みやすかった理由があるのかもしれない。

そういえば、カレン語には日本語と似たところもあり、「うまいか？」と訊くときには「オイシィ」と言う。うまいは「オイテテ」である。肯定のときには「ウン」と言いつつ首を縦に振り、否定のときには「ウウン」と言いつつ首を横に振る。念を押すときには、最後に「ネェ」や「ノオ」と付け加えるのだから面白い。

さて、メースアイの旦那のプーノイは、人懐っこい笑顔の中で抜け目のない目を光らせる六十四歳。村に数人いるモーピー（霊医・霊占師）のひとりで、祈祷を通じて病気を治したり、失せ物を探したり、こじれた夫婦仲を修復できるという触れ込みである。少女時代、母親が阿片に溺れてしばしば暴力をふるうので、ラーはこの家に逃れて食事を共にしたりメースアイに抱かれて眠ることが多かったという。そのせいか、ラーはプーノイの霊力を信じ込み、今でも頭痛や腹痛があるとすぐに大声でプーノイを呼ぶ。

彼が得意とするのは言霊《ことだま》のようで、ひと握りの米粒を入れたコップに水を満たし、その上から呪文のようなものをブツブツと呟きながら、時おりねじこむようにふーっと息を吹きかける。そして、水を口に含むと、頭や患部をめがけて霧吹きの要領でぷーっと強く噴きつける。すると、数分もしないうちにラーは「ああ、楽になった」と言いつつ、プーノイに深々とワイ（合掌礼）をするのである。

私自身も、食あたりで激しい下痢に見舞われたとき、あるいはナメタケに似た茸《きのこ》料理を食べて全身の痒みに襲われたとき、ラーが大騒ぎをしたためにプーノイの霧吹きで頭からびしょ濡れになる栄誉に浴した。だが、残念ながらいずれも霊験《れいけん》あらたかならず、翌日には町の病院に駆け込んで彼の面子《メンツ》をすっかりつぶすことになってしまった。

さて、このプーノイ、遠くの村からも黒豚持参で霊力を頼ってくる者がいるほど有名なのだが、異邦人の私に対してと同様、家族にはまったく神秘的パワーが及ばぬらしい。妻のメースアイも二人の息子も重度の阿片中毒で、米作りも牛飼いも食事の支度も、すべてプーノイひとりの仕事になっているというのである。そのうえ、家の台所は近隣の吸引者たちの溜まり場になっている始末だ。

ラーに手を引かれて初めてその場に入り込んだとき、薄暗い炉端では数人の若い男たちが阿片吸引の準備をしているところだった。茶色の練り阿片をちぎって小さなアルミの小皿に入れ、炉の中の熾《おき》に載せて溶かし、なぜか中国製の白い風邪薬をまぶす。吸引器は、薄汚れた小さなプラスチックボトルの飲み口に火吹き竹のような吸い口を取り付け、ボトルの中ほどに開けた穴から細い竹筒を斜め下に刺し込んで固定しただけの粗末なものだ。底には数センチほど水が入れてあり、竹筒の先は水の中に届いているらしい。溶かして柔らかくなった阿片を竹筒の上端に少量練り込むと、彼らは炉端に敷かれた煮しめのような色の毛布の上に横たわった。そして、火を点けた煙草の先端を阿片に押しつけ、上部の吸い口をくわえて頬をすぼめる。すると、底に入った水がボコボコと泡立つ音がする。ボトルは不透明だから内部の詳しい構造や煙の動きは分からないが、どうやら水煙草の原理の応用のようだ。私が食い入るように観察したり、カメラを構えても彼らは委細構わず、穏やかな微笑を浮かべてこちらを静かに見返す、あるいはうっとりと目を閉じるだけだ。

さて、どんな怪しい症状が出てくるものかと身構えながら、待つこと十数分。拍子抜けしたことに、彼らのひとりは「やれやれ、ひと仕事終えた」という風情でそそくさと立ち上がり、平然とバイクにまたがって家に戻ってゆくではないか。残りの数人も体を起こすと、ごく普通の調子で話を交わし始めた。

「阿片を吸ったからといって、暴れたりする人なんていないんだよ。とってもハッピーな気分になって、いつもより元気が出てくるらしい。だから、力仕事をする前に少しだけ阿片を吸う人が村には多いの。でも、吸いすぎると中毒になって、無気力になってしまう。メースアイなんて、あたしが子供のころから一度だってまともに家事をしたことがないんだよ。彼女が自分の手で中毒にしてしまった二人の息子たちも、昼間から仕事もしないで眠っているか、ぶらぶらしているだけなんだから」

そして、阿片を買う金がなくなると、村のあちこちで鶏を盗んだり、留守宅に忍び込んではコソ泥を繰り返すのだという。時おり軽い喧嘩沙汰が起きるのは、阿片を買う金がどうしても手に入らないでイライラしたとき、家族や仲間うちにその怒りが向けられるかららしい。

それにしても、初めて訪れた村で、しかも隣家の従姉の家で、こんなにも生々しい阿片吸引シーンに出くわすなどとは夢にも思わなかった。

……とんでもない村に来てしまったなあ。

それが、この村に対する私の第一印象であった。だが、ラーが私をいきなり隣家に連れ込んだのには、もちろん切羽詰まった理由があった。それは、彼女が母親の介護に疲れてチェンマイに長逗留したり、私と共に旅をしたりしている間に長男のヌンが阿片を吸い始め、かなりひどい中毒になっているらしいという噂を耳にしていたからだった。

「このまま村にいると、ヌンは永久に阿片から抜け出せない。チェンマイ郊外のメーリムに更生施設があるから、そこへ入れようと思うんだけど、どうか助けてください」

生々しい吸引の現場を見た直後だけに、否とは言えない。

「本人に確かめたのか？」

「うん、さっき問いつめたら、やっと白状した。勧めたのは、メースアイだって。まったく、呆れた話だよ。バカな息子に、バカな従姉……。でも、メースアイだってそれで稼いでいるわけじゃないんだよ。がっぽり稼いでいるのはひと握りの黒幕で、彼女は彼らの指示で吸引場所を提供して、わずかな阿片のおこぼれをもらっているだけなんだから。情けなくて、涙も出やしない」

そう言いながら、ラーの両目から大粒の涙があふれ出す。

実は、ラー自身も少女時代に一度だけ、ひどい腹痛に苦しんで年寄りから阿片を吸わされたことがあり、まるで嘘のように腹痛が消えたという。それこそが、本来の医療薬としての使い方だったはずだ。ラーの場合は、父親が阿片中毒だったと聞かされ、そのうえ阿片を吸えずイライラした母親に折檻を受けて育ったために、阿片には絶対に手を出さなかったという。それだけに、腹を痛めた息子が阿片中毒になったという事実は、彼女を激しく打ちのめしたようだ。

「本人が絶対にやめると約束してくれるなら、メーリムに連れていこう」

百七十五センチに近い長身ながら青白い顔、痩せこけた頬のヌンは、私の前にうなだれてひざまずくと、両手を握りしめて更生を誓った。かつては、山奥で代用教員をしながら大学進学を目指していたという青年の胸の中の暗闇は、言葉も通じぬ私には覗き込みようもない。こうして、今まで子供を持つことのなかった私の前にいきなり現れた十九歳の長男を、薬物依存者更生センターに入所させることが村での初仕事になったのである。

ちなみに、次男のイエッはキリスト教関係のボランティア団体が運営するチェンマイ郊外の寄宿舎に入って、そこから中学校に通っている。この寄宿舎入りは、「成績のいい息子が阿片を含む悪い影響をまわりから受けないように」という思いでラーが決めたのだという。彼が村に戻ってくるのは、四月中旬のソンクラーン（伝統正月）休みと九月の学期休み、年に二ヶ月程度である。ラーがずっと面倒を見てきた母親は、再婚と同時に町で暮らす長姉が引き取ったから、今私たちと同居しているのは三男のポーだけである。

彼は、町にある比較的大きな小学校に通っており、

「将来は医者になって阿片中毒のメースアイやヌン兄ちゃん、焼酎を飲みすぎるメー（母ちゃん）を手術する。そして、クンターの老後をしっかり見る」

と自ら宣言するほどのしっかり者だ。そして今朝も、自分で制服の白シャツと黄土色の半ズボンにアイロンをかけ、元気よく挨拶をしながら学校へと飛び出していった。

だが、彼が成人して医者になるまでには、あと十数年の時間が必要だろう。そのとき、私は七十歳を超えることになる。いやはや。

長男のヌンに代わって、慣れない村での暮らしを助けてくれているのは甥っ子のジョー（次姉の長男）である。ジョーというのは、カレン語で「お兄ちゃん」といった意味の呼び名で、本名はアーティッという。だが、彼の下にドーという弟が生まれたのでジョーが愛称になったわけだ。

彼と初めて行動を共にしたのは、村外れに住む教師の家に牛を買い足しに行ったときである。背丈は百六十センチほどと小柄だが、二の腕やふくらはぎには薄いながらもしなやかな筋肉をまとっている。瞳が仔牛のように愛らしく、しかも鼻筋はすっきり、口元はきりりと引き締まってなかなか凛々しい。牛若丸の扮装をさせたら、きっと似合うだろうと思わせる顔立ちと体形である。当時、二十一歳。「ガールフレンドはいるの？」と訊いたら、顔を真っ赤にして「そんなのいません」と

うつむいた。

ラーによれば、ある金持ちの娘が彼を見初めて結婚話を持ち込んできたのであるけれど、「離婚したメーと高校生の弟とラー叔母さんの面倒を見なくちゃいけない」という理由で、あっさり断ってしまったという。タイ人と同様にカレン族は典型的な女系家族だから、婿は基本的に嫁の家に入らなければならないのである。

実は私たち、村に来る前から牛を数頭飼っており（一時里帰りしたラーに購入させた）、私たちが不在の数ヶ月間はこのジョーが牛の世話を一手に引き受けてくれていたのである。そこで初顔合わせをしたときに多少の給金を払おうとすると、彼は頑として受け取ろうとしなかった。そして、「ウチで何かお金が必要になったときには助けてもらいます」と言う。その姿勢は、今も変わらない。金が必要になると「これこれにいくらかかる」と必ず明細を示し、決して私たちに無駄な金を使わせようとはしないのである。初めて一緒に牛を買い足しに行ったときも、十数頭の中からしっかりと太った顔立ちのいい、しかも仔をはらんでいる雌牛を二頭素早く選び、格安に値切ってくれたものだ。そのあとでビアチャン（象印ビール）を酌み交わしていると、彼が言いにくそうな様子でラーに声をかけた。

「クンターとは、いつ結婚するの？」

矛盾するようだが、数頭の牛を手に入れ、村にやってきはしたものの、そのときの私はまだラーとの再婚には踏み切れないでいた。カミさんが逝ってから、三年あまり。彼女の死の衝撃と後遺症は薄れておらず、ラーのジャイローン（気性が激しくせっかち）ぶりやカレン族独特のしきたりにも振り回されることが多い。とにかく、生まれ育った環境が、あまりにも違いすぎるのだ。実際に村に足を踏み入れてから、戸惑いはますます強まっていた。

そこで、もう少し時間をかけて互いの理解を深めたいと思っていたのである。このため、村に来てからもラーのいうカレン族の風習に従って家には泊まらず、村と町の中間地点にある「オムコイ・リゾート」に部屋を取っていた。むろん、われわれが同宿していることは誰でも知っているのだが、「結婚前の男女が村の家に同居することは許されない」というのが、ラーの主張なのだった。このしきたりを破ったカップルの家が村人による叩き壊しを受け、村から追い出されたこともあったらしい。

にも関わらず、目と鼻の先の宿から村に通っては牛などを買い足しているのだから、当然さまざまな噂が囁《ささや》かれる。村の古いしきたりでは、同衾《どうきん》＝結婚なのである。ラーのふしだらさをなじる声も強かっただろう。それらを耳にしたジョーは、夜も眠れないほどに心配になり、余計なこととは知りながら、ついつい結婚に関する質問を口にしてしまったというのだ。

「悪いが、俺はカレン族じゃない。結婚のことは、俺とラーが話し合って決めることだから誰にも口出しはしてほしくない」

そのときは反射的にそう答えてしまったが、まるでガキ大将みたいに子供たちを引き連れて一緒に遊んでくれた面白い叔母さんを、洟《はな》垂れの時代から慕ってきたジョーの気持ちは痛いほどよく分かる。そして、ジョーの言葉が今のラーの家族や親戚、そして村人たちの気持ちをすべて代弁していることも。もちろん、決して口には出さないものの、その噂にもっとも辛い思いをしているのは、ほかならぬラーであろう。

たぶん、この心優しい、しかもタイでは珍しいほど金銭に潔い甥っ子がいれば、村での暮らしは成り立つかもしれない。このまま日本に戻ることもできず、さりとてタイに居ながらずるずるとラーとの結婚を引き延ばしたとして、私自身にそれから先のどんな展望が切り開けるというのだろう。

物事には、潮時というものがある。情けないことではあるが、ひとりでは生きていけないと分かった以上、天から降って湧いたようなラーとの生き直しに賭けてみるしかない。その数日後、私たちは宿を引き払い粗末な家の大掃除に取りかかった。

翌日、隣家のプーノイの指図で鶏を二羽つぶし、大量のビアチャンとラオカオ（米焼酎）をあがなって、簡素な結婚式を挙げることになった。急な知らせにも関わらず、村長をはじめ数十人の村人たちが駆けつけてくれた。誰が誰ともしかとは分からぬまま、鶏鍋とビール、焼酎を供していると、プーノイが私たち二人を狭い寝室に呼び込んだ。

ラーは落ち着いた桃色を基調にしたお気に入りの筒着と巻きスカート、私も二軒隣の親戚から急遽買い取った赤色の筒着に着替えて、床にじかに敷いたベッドマットの上に並んで横座りする。その前にあぐらをかいたプーノイがぼろぼろの祈祷文帳をめくり、村では珍しい老眼鏡をかけて長々と祝詞《のりと》を朗誦《ろうしょう》する間も、ラーはそわそわと落ち着かない。やれ「もっと焼酎を買い足せ」だの、やれ「鶏鍋は足りるか」だの、寝室から大声を張りあげては私に口を塞がれる始末だ。

祝詞が終わり、プーノイ、村長、従兄のマンジョーの三人が代わる代わる縁結びの白い木綿糸を私たちの両手首に巻いてくれているさなかも、ラーは彼らの制止を振り切って何度も何度も私の頬に口づけた。これは、明らかに村のしきたりを無視した遺憾な振る舞いである。

ナッケー（困ったもんだ）。

第四章　飯喰ってけ《アンミーヨー》

カレン集落への移住について人に語るとき、私は決まって安部公房の小説『砂の女』を例に引く。カレン族の女に興味を惹かれて迂闊《うかつ》にもオムコイの山奥の村に迷い込んだら、禁忌と噂という名の穴蔵にはまって、もがいてももがいても脱け出せなくなったのだと。

半ば冗談めかしてはいるものの、これ、実はかなり真相に近い。なにしろ、カレン語などまったく分からないのだし、タイ語だって必要最低限の日常会話程度なのである。村では、この二つの言葉が入り乱れ、村の衆の喋る北タイ語はチェンマイに住むタイ人たちの発音や言い回しとも異なっている。ラーがいなければ、比喩ではなく右も左も分からない状態だった。その気になれば、私を騙《だま》すことなどいとも簡単だったはずだ。

なによりもラーと知り合ったのは、妻の発癌を契機にした一年半にも及ぶ不眠と鬱、その反動としての異様な躁状態、さらには鬱の再発にきりきり舞いした直後のことだったのだ。体験のない人には大げさに聞こえるかもしれないが、五十数年にわたって培ってきた自分という存在を根こそぎ奪い取られたような状態の中、溺れかけもがきながらつかんだラーという名の一本の藁《わら》に誘われて、ついふらふらとやってきたというのが正直なところなのである。明確な意思どころか、村で暮らす基本的な心構えさえ皆無だった。

タイの山岳地帯には、カレン族をはじめとしてアカ、ラフ、モン、リスなど十を超える山岳少数民族がいるといわれ、カレン族はタイ全土におよそ四十四万人弱と最大規模であるらしい。そのカレン族にも、ポーカレン、スコーカレンなど四つのサブグループがあり、それぞれ異なった言葉や生活風習を持つ。わがソボムヘッド村はポーカレンの集落なのだが、そんな上っ面な寄せ集めの知識が、日々の暮らしになんの役に立つというのだろう。

タイの山岳民族といえば、やはり私たちにとっては特別な存在だ。タイの都市部では、今なお、あからさまな民族差別もまかり通っている。タイ政府の庇護の手すら届きにくいその貧困や過疎の境遇に同情を寄せ、教育・医療などさまざまな支援活動に取り組む国際組織や個人も多い。独特な意匠と色鮮やかさが目を惹く手織りの民族衣装、象遣いなどの特異な風習に関心を寄せる人々も後を絶たない。もちろん、これらは彼らの経済活動を下支えする重要な観光資源となっているのだけれど、たとえばカレン族の一種族である首長族のように、その伝統的風習が観光客の覗き見趣味を満足させるという趣を持っていることも否定できない。

幸いなことに、ラーが生まれ育ったこの村は、そうした被支援や観光化とはほとんど無縁だった。むろん、過疎の不便さや貧困からは免れ得ない僻地《へきち》には違いないのだが、郡役所に近いという好条件もあってか、人々は暑いタイでは珍しい一期作の米づくりや牛飼いを主体にして、昔ながらの風習に従いながら淡々とした日々の暮らしを営んでいるのだった。

ここでは、何も構えたり、飾ったりする必要はない。過去の経歴など問う者などおらず、ただ目の前にいる私をそのまま受け入れ、いきなり下ネタを振ってきたりするのである。ラーに手を引かれ、まるで迷い込むようにしてこの村に入り込んだ私にできることは、ただひとつ。目の前に現れる現実をあるがままに受け入れること。日本人としての一切の先入観や批評を避け、白紙の状態でこの村で生きていくことだけであった。一部のボランティアのように神聖視も同情もせず、新参の村人として彼らの風習に倣い、従う。どうしようもないところはどうしようもないままにそれを受け止め、飲み、喰い、笑い、楽しみ、怒り、呆れ、眠る。それが、唯一のスタンスと言えば言えた。

さて、まるではずみのように村で暮らし始めてから、この村のたたずまいが、子供時代を過ごした九州の農村風景に似通っていることに気がついた。

家の前の道路を少し下ると、すぐに舗装が途切れて赤土の細道が川沿いに延びている。川幅は、五メートル足らず。十一月半ばから五月半ばの乾季にかけては、水にさほどの濁りもなく、竹や樹々が両岸から生い茂って、その様子は日本の田舎の小川とほとんど変わりがない。流れの中の岩に腰をおろし、道々切ってきた竹竿、裏庭で掘ってきたミミズの餌で釣りに熱中しているときなど、ふと岸の向こうのバナナ畑が目に入って初めて「ああ、ここはタイだったか」と自分の居場所に気づいたりする。

樹木が途切れて流れ全体が見え始めると、川幅いっぱいに砂嚢《さのう》が積んであり、手前は緩やかな流れの淀みになっている。村人たちは、ここで洗濯をしたり、水浴びをしたりする。川岸には、服やバスタオルをかけるための竹竿まで渡してある。わが嫁が好む垢擦りは、私も子供のころに使ったヘチマであり、私の母が愛用していたような軽石ではないものの、平たいすべすべの石で背中や踵をこすったりもする。風景だけではなく、その暮らしぶりも生活用具も昔の日本そのままなのである。初めてヘチマの垢擦りを目にしたときなどは、正直「アッ！」と声が出るくらいに驚いたものだ。日中の気温が三十度を超す二月半ばともなれば、水遊びに興じる子供たちの歓声が響き渡ること、言うまでもない。岸辺には、ターザンごっこにお誂《あつら》え向きの蔦《つた》までぶらさがっているのだ。

例年水不足になる乾暑季の四～五月（タイでもっとも暑い時季である）には、私もこの淀みで嫁と共に体を洗う。公共の水浴び場であるし、川沿いの道にはいつ人が通りかかるやもしれないので、素っ裸になることはできない。そこで、トランクス一枚になり、頭と体、ついでにトランクスも泡だらけにしてから、上流に向かって砂床を十メートルばかり歩き、顔面から水面に倒れ込む。水中で体を反転させ、仰向けになって空や木々を眺めながら流れに浮くのである。これを数回繰り返すと、水浴びと洗濯が遊びながらにして済むというわけだ。村の男衆は、老若共にビキニタイプのブリーフ派である。若い衆や子供などは、この上にボクサーと呼ぶトランクスを穿いて、外を出歩いたりする。

女たちの水浴びに欠かせないのが、筒状の巻きスカートである。これを胸まで引っ張りあげ、乳房を包むように縛ってからバスタオルで肩を覆って家を出る。水場に着くとスカートの上端を口にくわえ、胸から膝上までを隠しながら体を洗う。洗い終わると水の中にしゃがみ込んで泡を流し、その姿勢のまま胸の上で巻きスカートを縛り直す。そして、今度は堰の上に腰掛けて長い黒髪をゆっくりと洗い始める。

これが通常の手順なのだが、デックソン（悪ガキ）がそのまま大人になったようなわが嫁は、この手順を面倒がり、あたりに人の気配がないと見て取るや素っ裸になって体を洗い、時には蔦にぶらさがりターザンごっこまで始めてしまう。もちろん、それらを手早く済ますと巻きスカートで体を隠すには隠すのであるが、今度は私と同様に上流まで歩いて流れに浮かぶ遊びを何度も繰り返す。得意の犬かきに切り換えると、巻きスカートが空気をはらみ尻の上でパラシュートのように膨れ上がる。洗った髪は額の上でだんごにしているので、とても四十過ぎの女には見えない。

一度などは、洪水で堰が流されたあとにもこれをやったものだから、アッという間に下流まで持っていかれてしまった。尻にパラシュートをつけているので、犬かきではなかなか流芯から外れることができない。ハラハラして見ていると、なんとか岸までたどりついたが、茨の茂った土手を裸足のまま駆け上がると白い歯を見せながら元の場所まで駆け戻ってきて、また飛び込もうとする。とっさに巻きスカートの裾をつかんで、尻に一発きついお灸を据えた。そういえば、年上の親戚連中は今でも彼女のことをカレン語で「ボビー（赤ちゃん）」と呼ぶ。

ここから数分川沿いの道を下り、昨年の洪水で壊れたコンクリート橋の代わりに急遽渡されたいい加減な竹橋をそろそろと渡る。正面の胸突《むなつ》き坂を登りつめると、一面の棚田が目に飛び込んでくる。田んぼの脇では水牛や牛がのんびりと草を食《は》み、実った稲穂まで食べようと田んぼに入り込む牛を村人が血相を変えて追い払ったりしている。

雨季が終わりかけの十一月初旬は、七月の初めに手植えした米の収穫時期で、村人たちは日にちを決めて順繰りで稲刈りを手伝い合う。私たちも、さっそく次姉が土地を借りて米作りをしている田んぼの稲刈りに駆り出された。

朝八時になると、手に手に鎌を持ち麦藁帽に長靴といういでたちの村人たちが集まってくる。年輩の男衆は筒着によれよれのズボン、年輩の女衆は筒着と巻きスカートというカレン族スタイルであるが、ラーのようにチェンマイ暮らしを体験した者や若い衆はTシャツの上に日除けの長袖を羽織り、ジーンズや迷彩模様の作業ズボンをまとっている。

作業は、その日の雇い主（といっても給金は出さず、焼酎や強壮ドリンク、清涼飲料水、昼食などをふんだんに振る舞うのが一般的）が率先して始め、これに促されるようにして応援の村人たちがのんびりと動き始める。

「クンター、それじゃあ駄目だよ！」

私が日本式に稲の根元近くに鎌を入れると、ラーがさっそくクレームをつけた。訊けば、三十センチくらい根元を残せという。

「刈って束ねたものを、根元の上に寝かせて二〜三日乾燥させるんだから、そんなに低いと稲穂が地面についちゃうでしょ」

なるほどなあ。しかし、根元近くで刈った稲を、かつての日本の農村ではどう処理していたのか、私は知らない。一応は町暮らしだったので、鎌での稲刈りなんて生まれて初めての体験なのである。

それにしても、ものすごいスピードだ。刈り始めは横一線だったのに、数分後に腰を伸ばすと私だけがひとり取り残されていた。

「クンターは腰が悪いんだから、それくらいで充分だよ」

はるか先にいたラーが戻ってきて、有無を言わさず鎌を取りあげた。棚田の面積をできるだけたくさん取るためギリギリまで削られた畦道《あぜみち》に腰をおろして見物に回ると、まあ、賑やかなこと。怒鳴り合うような大声と笑い声の中心は、もちろんわが嫁である。あの笑い方からすると、たぶん得意の下ネタに違いない。それに較べると、次姉と甥っ子のジョーは驚くほど寡黙である。無駄口など一切叩かず、黙々と稲を刈り続ける。

「だから姉ちゃんは友だちがいなくて、手伝いにきてくれる人も少ないんだよ。あたしが声をかければ、男の友だちがワッと駆けつけてくれるんだけどなあ。もっとも、あたしの友だちはほとんど男だけど（笑）」

ラーは敬虔な仏教徒で、次姉は日曜ごとの教会礼拝を欠かさないクリスチャンである。村の仏教徒は飲酒や喫煙、猥談《わいだん》などには寛容だが、クリスチャンはこれらを嫌う。次姉ももちろん、ラーの男勝りの言動を煙たがっている節がある。

「姉は離婚、あたしは死別。二人とも小さな子供を抱えての独り身だから、お互いに助け合って生きてきたんだ。姉は米や田んぼで捕ったカニ、カエルなどの食料をくれる。あたしは道路工事をしたり、山間医療の手伝いをしたり、チェンマイで家政婦をしたりして現金をつくる。でも、姉ったたらあたしが苦労してつくったお金をあげても『神様に感謝します』って言うだけなんだよ。神様がお金をくれる？　どうして神様には感謝して、あたしにはありがとうって言えないの？」

普段は仲がいいのだが、宗教にもとづく死生観や戒律の違いが、同じ環境で育ってきた姉妹の根底的な部分での微妙なすれ違いを生むのは仕方のないことなのだろう。昼飯の際にも、ラーは村人たちにしきりに焼酎を勧め、品のない冗談を言っては笑いの渦に巻き込み、自分も酔っぱらうとさっさと横になって昼寝を始めてしまう。だが、一方の次姉とジョーは昼飯もそこそこに、鎌を手にすぐさま田んぼに戻っていく。村人たちも、そこで昼寝派と勤勉派の二組に分かれることになる。後者は、もちろんクリスチャンの村人たちである。

翌日、翌々日は近隣の衆の稲刈りを手伝い、三日目に脱穀に臨んだ。まずは、刈り取りを済ませた一番広い田んぼの上に大きなビニールシートを敷き、その周囲に乾燥させた稲束を運んで積み上げる。竹ひごで結わいた数束の稲は意外に重く、急斜面に拓かれた棚田に散ってこれを集め回り、頭にかぶるように背負って細い畦道を運ぶ作業は、なかなか甘くない。数往復もすると、すぐに背中と腰がきしみだした。だが、男衆はこれを一度に十数束、女衆は額にかけて左脇下に回す運び紐に巧みに引っ掛けて八束ほど。畦道を軽々と走るように往復しては、シートのまわりに積み上げていく。悔しいことに、私は六束が精一杯だった。ラーは私に見せつけるように十束を担いで数往復したものの、すぐに息切れしてシートの上にへたり込む。あとはもっぱら、焼酎の接待係である。典型的な短距離型走者なのだ。

午前中にこの作業を猛スピードで終えると、午後からはシートの真ん中に置いた古タイヤや簀子《すのこ》のような板台をめがけ、手作りの叩き棒で挟んだ稲穂をひたすら叩きつける。叩き棒は、二本の竹の棒の先端を三十センチほどの凧糸のような硬い紐でつないだものである。この紐で二〜三束の根元をひと巻きしてギュッと絞り、頭上に持ち上げてタイヤや板台に向けて振り下ろす。これを四〜五回繰り返し、穂から籾《もみ》がすべて飛び散ったことを確かめると、そのまま頭上に振り上げつつ体を回転させて外へ押し出すようにする。と、あーら不思議、脱穀済みの稲束は放物線を描きながら積まれた稲束の山の向こうに消えていく。みんなに焚きつけられてさっそく挑戦してみたが、まずは紐の間に稲束を挟み込むのが容易ではない。ジョーのアドバイスで一束だけにすると、なんとかビシッと挟み込めた。

村人たちは両手を広げて竹棒の手元を握り、体の正面で叩きつけている。それを真似てみると、どうもインパクトの瞬間に力がこもらない。そこで、高校時代に初段を取った剣道の素振りを応用することにした。左足を引いた正眼の構えから上段に振りかぶり、剣先——ではなかった、稲穂の先が天頂に達したところで力を溜め、少し伸びあがるようにして一気に振り下ろす。

「まるで、サムライみたいだね」

ラーが褒めてくれたが、剣道方式は確かに効果的で村人たちの脱穀スピードに勝るとも劣らない。気をよくして、先ほどの放り投げにも挑んでみたが、右手の棒先をくるりと回すようにして紐を外すタイミングが難しく、こちらはことごとく失敗した。

脱穀はたいてい二日がかりになるが、大敵は雨である。すでに乾季に入りつつあるとはいえ、なにせ標高千メートルを超す山岳地帯だ。時おり、明日の雨を予感させるような雲行きになってくることがある。そうなると、脱穀作業は夕飯のあと村人に再招集をかけて、闇夜の中で続けられることになる。

午後七時ごろヘッドランプを灯し、ほろ酔い加減で細い畦道から何度も転げ落ちつつ昼間の場所に向かうと、遠く明かりが揺れ動くあたりからドスンドスンという地響きのような音が伝わってくる。ビニールシートのまわりの稲束の上には、懐中電灯や肩掛け式箱形バッテリー直結ヘッドランプが数個置かれており、中央の脱穀場をスポットライトのように照らしだしていた。

昼間は目に入らないが、叩きつけられた稲穂から発する埃《ほこり》があたり一面に濛々《もうもう》と舞い上がり浮遊している。村人たちがタオルやマスクで鼻と口を覆っているのはこのためで、埃を吸い込むと激しく咳き込む羽目になる。また、人によっては藁や籾殻が触れた部分が赤く腫れてひどく痒くなることもあるそうだ。こうした喉や肌のトラブルと腰痛再発を心配するラーは、私に離れた位置からの照明係を命じた。そして、自らはマスクをはめ、ジャケットのフードを深々とかぶった怪しい姿で、闇と光の狭間でうごめく人影の中に紛れ込んでいった。

そこへ、従兄のべッがふらふらした足取りで近づいてくる。こいつ、山奥の小屋に泊まり込んで牛飼いをしているときは一滴も飲まないのだが、怖い女房がいる家に戻ってくると浴びるように焼酎を飲みだして、しまいには足腰が立たなくなる。それでも、今日は脱穀の応援という名目があるので、少しは控えている様子だ。

「クンター、サワッディカップ（今晩は）。さあ、行きましょう」

「え、どこへ行くんだ？　俺は照明の仕事があるんだぞ」

「クンターは、そんなことしなくていいんです。さあ、行きましょう」

強い力で手首をつかみ、有無を言わさず引っ張っていく。二人縺《もつ》れつつ歩いていく先には、盛大な焚き火が燃え盛っている。

「さあ、座って、座って」

畦道に藁束を集めて快適な座席を作ってくれ、草むらからなにやらごそごそと引っ張り出す。言うまでもなく、焼酎を詰めたビール瓶とぐい呑みであった。

「クンター、ナーオマイ（寒いでしょ？）。さあ、まずは一杯」

焚き火を囲んでいるのは、われわれ二人だけだ。

……おいおい、脱穀やらなくてもいいのかよ。

そんな私の気配を察したのか、

「クンター、ジャイエンエーン（慌てることないんですよ）。仕事の前には焚き火と焼酎で体を温《ぬく》めて、それからガンガン働くのが俺のやり方なんです」

「でも、お前さん、さっきはたしかこっち方面から俺の方に歩いてきたよな。ということは、それまでずっとここで温まっていたんじゃないの？」

「アハハハ、マイペンラーイ（気にしない）。さあ、クンター、どんどんやりましょう」

まずはぐい呑みになみなみと満たした焼酎を自分で一気にあおり、それから焚き火の灯りで量を確かめながら半分ほど注いで、「ニッノォーイ（少しだけ）」と言いつつ私に手渡す。胃潰瘍以来「クンターに飲ませすぎてはいけない」とラーから厳命されているので、気を遣ってくれているのである。普段は人のいい笑顔に隠されているが、こいつ、よくよく見ると『明日のジョー』の力石徹に似た凄みのある風貌をしている。オレンジ色の炎に照らされると、なおさらだ。

若いころにはかなりのムエタイの遣い手で、少女時代のラーに手ほどきをした師匠なのだが、いつの間にやらラーの方が強くなってしまい、今では飲みすぎもあってか、数歳年上のくせしてまったく頭が上がらない。ラーの押しつける無理難題をにやにやしながら受け流し、甥っ子のジョーと共に骨の折れる力仕事を黙々とこなしてくれるありがたい存在なのである。

そこへ、ぽつぽつと休憩にやってきた村の衆たちが焚き火を囲み、思い思いに焼酎やコーヒーを飲み始めた。こうした場合、日本では一斉に休憩時間を設けるところだろうが、わが村ではすべてが思い思いのマイペースだ。誰も仕切ったり強制したりしようとはしない。それでも、不思議なことに事はすべて順調に回っていく。焚き火のまわりが人で一杯になったところで、ベッがすっくと立ち上がり闇の中に消えた。小便かと思いきや、太い丸太を肩に担いでまた闇の中から現れ、てきぱきと火勢を強めてから、

「それじゃあ、クンター、ちょっとひと仕事してくるんで、ここでゆっくり温まっていてくださ

い」

力強い足取りで、闇の中に溶け込んでいった。

やるときは、やるのであるらしい。

幸いなことに天気は崩れることなく、薄雲の切れ目から満月からやや欠けた月が姿を現した。月明かりは驚くほど明るく、川沿いに広がった棚田の連なりがくっきりと浮かび上がって見える。それから一時間ほど経つと、ドスンドスンという地響きの音が突然途絶えた。目をやると、ビニールシートのまわりの稲の山影はすっかり消えている。月明かりの下で人影がぞろぞろと動いて、村へと向かう畦道に長い列ができた。時計を見ると、九時半である。白い歯を浮かべ、ふざけてベッの尻を蹴りながらこちらへ向かってくるラーの姿が、オレンジ色の炎を受けて泥絵の具で描いた芝居絵のように揺れる。


三日後に、いよいよ米蔵への運び込みだ。

ビニールシートの上で均等にならして乾燥させておいた米を飼料袋に詰め込み、二十キロほどの重さのそれを肩に担いで、股下までの深さの川を水に浸けないよう気を配りながら慎重に徒渉する。川向こうの細道には、一往復三百バーツで雇ったピックアップトラックが停まっている。荷台に積み込み、また川を渡り戻し、何度も何度もうんざりするほどこれを繰り返す。働き手の中心は、もちろん甥っ子のジョーと弟のドーである。小柄なジョーと違って、ドーは長身のがっしりとした体格だが、いかんせん高校生なのでまだ完全に体ができていない。二人の作業を見守っているだけで、息が詰まり、肩や腰がきしむような感覚に襲われてしまう。

高床式の専用米蔵を持たない次姉の家では、急斜面に建った高床式炉付き台所が米蔵の代わりだ。ほぼ一日がかりで三十個ほどの飼料袋を運び込むと、やっと今年の収穫が終わった。実際の収穫量はその二倍あるのだけれど、前述したとおり借地での耕作である。半分を地主に上納すると、残るのは三人家族がカツカツ一年喰えるか喰えないか、という量にしかすぎない。厳しい労働のわりには、あまりにも少なすぎる見返りである。

ラーはといえば、亡夫がよその土地から流れてきた電気技師で給料生活者だったために田んぼを持っていない。そこで、わが家と次姉の二家族が一年間食べられ、しかも余剰米を売れるほどの収穫量がある田んぼを手に入れようと試みてはきたのだが、これがなかなか難しい。おいしそうな話は、何度もあった。だが、実際に行ってみると石ころだらけであったり、水が出なかったり、一歩の差で他の村人に手付けを打たれてしまったりで、どうもうまくいかない。

では、田んぼを持たないわが家はどうやって米を入手しているのか。そろそろ収穫という時期になると、「米を売ってくれ」という前触れを出すのである。

収穫の際には手伝いの人々に焼酎や昼食を供し、さらにクルマを雇ったりしなければならないので、まとまった現金が必要になってくる。だが、たいていの村人には現金収入や貯えがないから、この前触れを聞いて自分たちの収穫量に応じ、数百バーツから数千バーツという単位で前借りにやってくるのである。そして、収穫が済むとそれに見合った量の米をわが家に納めるという仕組みだ。

これらは口約束だから、なかにはいつまで経っても米を納めなかったり、催促に行くと行方をくらます者もいる。前借りしすぎて収穫後に回収者がどっと押し掛け、こちらが催促に行ったときにはその家族が一年喰えるかどうかという米しか残っていないケースもあった。こういう奴はたいてい、前借りした金を阿片に使ってしまうようだ。そうなると、村長が調停に入ってもどうしようもない。強引に回収して家族を飢えさせるわけにもいかないから、逆に金を上積みして、そいつの牛を一頭買い取るくらいが関の山だ。

米は町でも買えないわけではないが、売っているのは十数年前だったか、日本の米不足の際の緊急輸入で悪評紛々だった、あのいわゆるタイ米である。値段が高いわりに、普通に炊いて食するときわめてまずい。だが、タイ米の名誉のためにひと言申し添えておけば、あの細長い米はカオパッ（焼き飯）など炒めものに適しており、正しい用途に従って調理すれば油を吸わずにさらっとした焼き飯ができあがるのである。であるからして、わがタイ米の評判を落とした責任は、事前調査および説明責任を怠った当時の日本政府と官僚にあること、言うまでもない。

その点、わが村で穫れる米はなぜか日本米に近い。村に一軒ある精米所の機械の性能が悪いのでかなり砕けてしまうが（昔ながらの足踏み式精米臼を残している家もある）、それでもふっくらと炊けるし味に遜色はない。しかも、収穫前の金が足りないときだけに、かなりの安値で手に入るというわけだ。

収穫を終えるか終えないかといった微妙な時期に、四月のソンクラーン（伝統正月）と並ぶ二大行事のひとつであるロイクラトーン（灯籠流し）がやってくる。村では、子供たちが興奮した様子で爆竹を鳴らし回り、わが家では小さな土器《かわらけ》に溶かし込んだロウソクを垣根の上にずらりと並べて祖霊を迎える。

近隣の娘たちを呼び寄せたラーは、バナナの幹を薄く輪切りにし、バナナの葉でさまざまな飾り付けをほどこした円形の灯籠舟を作る。色とりどりの花やロウソク、線香を刺して、村の川に流すのである。しかし、村の川は流れが速いのですぐに転覆したり、川辺に倒れ込んだ竹薮に引っかかったりする。そこで、流れが緩く蓮の花をかたどった照明なども設置された町の川に行くという手もあるのだけれど、私自身はいつか自分の遺灰が流されるであろう村の川での灯籠流しにこだわっている。

町では盛大な打ち上げ花火と無数のコームローイ（熱気球式紙風船）が夜空を彩り、お祭り広場では村別対抗ムエタイ合戦や野外映写大会が開催される。若いころ、このムエタイ合戦で連戦連勝したラーは（昔は素手に布切れを巻いただけで闘っていたという）、四十歳を超えた今でも出場したがるので、毎年引き止めるのにひと苦労しなければならない。なにしろ、かつて偶然のバッティングで鼻骨を骨折したことのある彼女は、今もその後遺症らしい鼻アレルギーに悩まされているのである。

米の収穫が終わると、村ではとりたててすることもない。

牛や水牛を飼っている者は、田んぼの餌小屋に積み上げた藁を喰わせることができるので、数ヶ月の間は大量の茅《かや》を求めて山奥に入る必要もなくなる。目先の利いた者は、余剰米を業者に売ったり、田んぼを畑に耕し直して唐辛子やトマトの栽培を始めたりするのだけれど、それはほんのひと握りにしかすぎない。定期収入があるのは、軍人と役人（町に郡役所と警察、村に地区行政事務所がある）、教師（町に小・中・高校、村に小学校低学年向け分校がある）、病院勤務者、教会関係者、それに阿片やヤーバー（馬鹿薬・覚醒剤の類）密売人くらいだろうか。村で商売を営んでいるのも、一軒のリゾート、四軒の雑貨屋、二軒の修理工場、わが家を含む二軒のクッティアオ（麺）屋くらいなものである。

もともとカレン族は定住をせず、森の中を移動しながら、芥子《けし》の栽培、森林の伐採、焼畑農業を三本柱にして暮らしてきたといわれる。しかし、タイ王国による同化政策（その目玉がＩＤカードの発行である。これがないと国内を移動したり、職に就いたりすることができない）によって定住を迫られ、近年になって麻薬撲滅や環境保護の名目で三大産業のすべてが禁止されるようになると、米作りかバナナ栽培、牛や水牛や黒豚の飼育くらいしか生きる術がなくなってしまった。

では、最低限一年分の米はあるとして、定期収入のない村人たちはどうやって日々の暮らしを凌《しの》いでいるのか。

川に行けば、魚やエビが獲れる。田んぼでは、カエルやタニシが捕れる。山には、野ネズミも大トカゲも蛇もいるし、そこいらの木にはセミもカブトムシもいる。危険を冒せば、蜂の巣だって採れる。雨の前には、大量の羽蟻も湧いてくる。男衆が紙火薬式の粗末な散弾銃を肩に提げて歩いているのは、野鳥やコウモリやムササビやキョン（小形の鹿）を仕留めるためである。時には、犬も喰うらしいが、まだお誘いはかからない。これら、すべて貴重な栄養源であり、換金も可能だ。

庭には、たいてい丸茄子《なす》が植えてある。直径二〜三センチの青い実を生のまま、あるいはさっとゆがいてピリ辛の薬味に浸ければ、三度の飯だってこれで済ませられるという。ただし、私にはちょっとえぐすぎるので、三度は無理だ。わが家の丸茄子は高さ二メートルほどに伸びて、一年中丸い実をつけるようになった。飯どきには、隣近所の親戚がこの実をしょっちゅうもぎに来てはおかずにしている。

食卓には、パッカナーという小松菜に似た花野菜もよく登場する。ゆがいて薬味に浸けたり、マカーム（タマリンド）の実で煮込んだ酸っぱいスープにして食すが、これは買っても一束五バーツ程度だ。むろん、この五バーツにも不自由する家は少なくないのだが、わが村で飢え死にする人は皆無である。

それは、飯どきに家の前を通りかかると、必ず「アンミーヨー！」と声がかかるからである。アンミーとは飯を喰うという意味のカレン語で、ヨーは呼びかけだから、この場合は「飯喰ってけ！」ということになる。村人たちは、腹がくちければ「オー、オー」とうなずいてそのまま通り過ぎていくし、腹が減っていれば遠慮なく丸盆を囲んでいる車座の中に割り込み、家族が使っているチョーン（アルミのレンゲ）でおかずをすくい、指先で飯をつまんでは口に運ぶ。たいていは、食前の焼酎付きだ。そして、食べ終わると「ダブルッ（ありがとう）」とカレン語で軽く礼を言いつつ、何事もなかったかのようにその場を離れてゆく。

だから、喰うのに困ったら飯どきに人の家、なるべくならば金持ちの家の前をゆっくりと行き来すればいいわけである。それを潔しとしなければ、そのあたりに生っているバナナの実でも、もいでくればいい。わが家の裏庭のバナナなどは、熟れどきを待っているうちによく房ごと姿を消してしまう。もっとも、ラーの場合は貧しかった子供時代に盗んだバナナを食べすぎたせいで、今では見るのも嫌だというのだけれど。

第五章　大蛇に食欲を覚えるとき

村の自給自足の一端を初めて垣間見たのは、家のすぐ近くを流れる川での丸網漁だった。

「クンター、これから魚獲りに行くから一緒に行こうよ」

晩飯を済ませ、意味も分からないタイ語のテレビニュースをぼんやり眺めていると、ラーが突然着替えを始めた。茶色のタンクトップにタイパンツ、頭には私がプレゼントした日本手拭いでの姐《あね》さんかぶりという勇ましさだ。

「こんな夜遅くにか？」

「だって、まだ八時前だよ。それに、今夜は満月で足下もよく見えるから、マイミーバンハー（問題ないよ）」

わが家では、飯どきになると隣人や親戚が必ずやってきて、調理を手伝いながら勝手に焼酎を飲み始める。訪問者には焼酎を出すのが礼儀だから、常に焼酎は欠かせない。今夜もすでに晩飯前の献杯応酬で少しばかり足下が怪しいが、まあ、夜の川漁というのも面白そうだ。

「で、何を持って行くんだ？」

「クンターは手ぶらでいいよ。あたしが、全部用意するから」

そう言いつつ、腰に小さな魚籠《びく》をぶらさげ、肩掛け式の箱形バッテリー直結ヘッドランプを額にセットする。そして、右手には木綿糸を縒《よ》って編んだ直径六十センチくらいの丸い網。思わず、吹き出した。まるで、山賊のドジョウすくいだ。

そこへ、従兄のマンジョー（年取ったお兄ちゃんという意味の愛称）が合流した。彼は、私と同い年である。甥っ子のジョーと同様に穏やかで誠実な人柄で、私たちが派手な喧嘩をするたびにラーを諌《いさ》め、私に頭を下げてくれる。多くの親戚や村人たちが、「金持ちの日本人」であるところの私がすべてを奢《おご》るのは当たり前だという顔をしているなか、乏しい財布をはたいてビールを奢ってくれた初の人物もこの彼であった。

「クンター、まあ一杯。夜の川は冷たいから、まずは体を温めなくっちゃ」

すでに稲刈りを終えた十一月も半ばで、夜ともなれば気温は二十度を下回る。そこで、景気づけも兼ねて焼酎をあおるのである。そのころは、ラーも男に伍してぐいぐい飲んでいたから、家を出るときには三人ともすでに足下がふらついている。私も日本で愛用していた登山用の小型ヘッドランプを装着し、水と焼酎を詰めた二本のペットボトルをカレン族の肩掛けバッグに入れて彼らのあとに続いた。このバッグは、次姉が一週間かけて織ってくれたものだ。

目当ての河原に着くと、またまた「体を温めなくちゃ」と一杯、二杯。そして、ようやく膝丈の川に入り込むと上流に尻を向けて丸網を川底に突き立て、右足でまわりの石ころを蹴り込むようにしながら魚を追い込む。大きな石ころごと揚げられた網にヘッドランプの明かりをあてると、複数の銀鱗が光った。体長三~四センチほど、山女《やまめ》のような体形と側斑点を持つ稚魚が三尾。同じくらいの体長で、顎に吸盤を持つオタマジャクシのような体形をした茶色の魚が二尾。魚体の小ささに拍子抜けしたが、ラーは大喜びだ。

「スープにするとおいしいんだよ!」

そして従兄と二人、こけつまろびつ、同じ動作を繰り返しながらずんずんと下流へと下っていく。網を揚げるたびに腰の魚籠に右手を延ばしているから、それなりに魚は獲れているのだろう。川底には石ころが多く、苔《こけ》ですべる。川岸からは、樹や竹が倒れ込んで足をすくう。こちらは、後ろからついていくのが精一杯だ。亡き妻が発病する前は、私も週末ごとの山歩きやカヤックによる川下りを楽しんでいたのではあるけれど、暮らしに根ざした川漁は、さすがに迫力が違う。一時間ほど経つと、二人が突然左岸の川原に倒れ込んだ。何事かと駆け寄ると、大声で笑い合って「焼酎、焼酎！」と叫んでいる。娯楽の少ない村での狩猟採取活動は、レクリエーションも兼ねているのだった。

それぞれの魚籠の中は、ほぼ半分ほど埋まっている。一尾ごとのサイズからすれば、かなりの大漁と言えるだろう。それをまた二人して、

「俺の方が多い」

「いや、あたしの方が絶対に勝った」

と子供のように競い合う。ただ川を歩いただけとはいえ、私も腰のあたりまでずぶ濡れだ。マンジョーに勧められるまま焼酎をあおると、ぎょっとするほどでかい満月が目に飛び込んできた。星の数も、半端ではない。天文にはまったく疎《うと》いのだけれど、少年時代にプラネタリウムで眺めたことのある懐かしい星座の形が、別に線を引いてたどらずともくっきりと浮かび上がって見えた。

翌朝、ラーは昨夜の小魚を唐辛子や薬草と一緒にどろどろになるまで煮込み、ゆがいた野菜を浸

して食す伝統的なカレン族料理を作った。怖々試してみると、臭みもないさっぱりとした味で、野菜の甘みが際立つのには驚いた。

丸網は、エビ漁やカエル漁にも使う。とりわけ、雨季に入った六月半ばになると、村外れにあるナームトック（滝）の下流で体長四〜五センチのエビが大量に獲れるようになる。増水ですべての岩が隠れた滑り台のような急流を眺めていると、ついついカヤックを浮かべたい誘惑に駆られてくるが、あいにく愛艇はまだ日本に置いたままだ。

さて、強い流れに足を取られぬよう慎重に岸辺を探っていけば、二時間もしないうちに腰の魚籠はいっぱいになる。ラーの得意料理は掻《か》き揚げで、朱色に染まったその塊を醤油に浸して初めて頬張ったときは、不覚にも涙が出そうになった。まさか、こんなところでエビの掻き揚げに巡り合えるなどとは思いもしなかったのである。

カエルは、滝に行く途中の小さな沢や田植えを終えたばかりの田んぼでよく獲れる。もっとも効率がいいのは彼らが交尾する満月の晩で、一石二鳥ならぬ「ひとつかみ二カエル」が狙えるらしい。だが、これを狙う蛇もたくさん集まってくるというから、私は夜のカエル漁は敬遠したままだ。むろん、村の衆にとっては格好の蛇漁の場ともなる。

「お前さん、蛇は平気なのか？　村には毒蛇もいるって言ってたじゃないか」

今夜は長靴にヘッドランプとさらに勇ましい格好のラーを呼び止めると、

「大丈夫だよ、ナイフを持って行くから」

タオルで巻いた包丁を、カレンバッグの中に無造作に突っ込んだ。

「それにね、あたしはめったに蛇には咬まれないし、咬まれても絶対に死なないんだよ。母さんに聞いたんだけど、あたしが生まれたときにお祖父さんが蛇除けの小さな刺青を入れてくれたからね」

そういえば、この話、前にも一度聞いたことがある。そのときは半信半疑ながらもラーを裸にして、体の隅々まで調べてみたのだけれど、結局、その痕跡すらも見いだすことはできなかった。赤ん坊のことだから、おそらく針の先ほどの小さなものだったのだろう。

「子供のころは何も知らずに野山を駆け回っていたから、何度か小さな毒蛇に咬まれてしまったけれど、別になんともなかった。同じ種類の蛇に咬まれた友だちの中には、病院で腕や足を切られた人もいるんだよ。あ、そうだ！　あたし、でっかいコブラとにらめっこしたこともあるんだ」

それは、長男のヌンを孕《はら》んだ二十歳のときだったという。大きな腹を抱えて川沿いの道を散歩していると、急に眠気が襲ってきた。草むらに寝転んでひと眠りしているうちに、頭の上に妙な気配を感じた。そっと目を開けると、何かがゆらゆらと揺れている。息を詰めて目を凝らすと、なんと巨大なコブラが膨らませた鎌首をもたげ、まるでラーの顔を覗き込むようにゆっくりと前後左右に振っているではないか。声をあげそうになった口を両手で塞ぎ、目を見開いたまままじっと身動きせずにいると、コブラはなにやら優しげな身振りで鎌首をおろし、静かに草むらの中に姿を消していった。

「だから、やっぱりお祖父さんの刺青があたしを守ってくれているんだよ」

「ということは、今も村にコブラはいるのか?」

「いるよ、この間だって元気と雄太が見つけてワンワン吠えてたじゃない」

「どこで?」

「裏庭から川に下りる崖のところだよ」

「………」

元気と雄太は、わが家の飼い犬だ。元気は、短い茶色の毛足が背中で逆巻いてコブラ模様に見える純粋なタイ犬の雌。三男のポーが名付けたことは、すでに書いた。雄太は、コリー犬に似た顔つきで茶黒混じりの長毛を持つ雑種の雄である。こちらは、ラーに請われて私が命名した。そして、川に下りる崖というのは、私もよく木の梯子を伝って上り下りするわが家の裏道にあたる。

幸いにも、まだコブラに遭遇したことはない。ただ、町の病院の救急処置室には、キングコブラを筆頭にさまざまな種類の毒蛇のイラスト入りポスターが貼ってある。それぞれの下に書かれているタイ文字は、咬まれた際の血清と処置の仕方だという。ということは、このオムコイでもコブラや各種の毒蛇に咬まれる人がいるということで、ラーの話も信じざるを得ないわけだ。

そして、後日。ラーが焼酎の飲みすぎと唐辛子の食べすぎで胃を壊し、入院していたある夜のこと。私は、毒蛇ポスターの上から二番目に君臨している黒と黄色のまだら模様、胴回り二十センチほどの大蛇が、入院病棟のすぐそばの草むらの中をゆっくりと移動してゆく様を目撃したのだった。くわばら、くわばら。

さて、少しばかり話が逸れてしまったが、それらの蛇が好む沢や田んぼのカエルは、胴長二〜三センチと小振りである。腹だけ割いて内臓を取ると、そのままぶつ切りにして野菜と共に煮込みスープにする。味は鶏肉とさほど変わりないが、ぶつ切りだから小骨が多く食べるのに面倒である。隣家のプーノイなどは、六十代半ばにして骨までガリガリと噛み砕いてしまうのだけれど、私はもっぱら骨を取りやすい太腿だけを食し、あとはひたすらスープを啜《すす》って、それでも皿に盛った茶碗二〜三杯分の飯をぺろりと平らげる。

蛇は頭を落とし、全身を火炙《ひあぶ》りの刑に処して、鱗《うろこ》をじっくり焼いてから腹を割いて内臓を取り出す。こちらも無造作にぶつ切りにして鍋にするから骨が多いうえに、やたらと硬い。村の衆は、気合いを入れればカエルの骨ならなんとかなるが、蛇の骨となるとこちらの歯が壊れそうだ。これも平気で噛み砕く。なにせ、彼らはビールの栓も歯で軽く開けてしまうのである。

ラーは、村の誰かがアクセサリーのように首にぶらさげて売り込みにくると狂喜するほどの蛇好きであるが、私にはさほどうまいとは思えず、決して進んで喰おうという気にはなれないでいた。

ところがある日のこと、この偏見を覆すような事件が起こった。町で用事を済ませて村に戻ってくると、ラーの同級生スージャの旦那がなにやら興奮した様子で私を呼び止めたのである。バイクを停めて庭に入ると、盛大な焚き火の上で何かが焼かれている。近づいてみると、胴回りが男の太腿ほどもある巨大な蛇であった。

「でかいなあ！　どうしたんだ、これ？」

「田んぼの帰りに畦道《あぜみち》で出くわしたんで、こうやって頭を撃ったんだよ」

身振り手振りの先を見やると、例の粗末な散弾銃が高床の柱にぶらさがっている。

「へえ、やるもんだね。どのくらい離れてたの？」

「弾込めの間にこいつも必死で逃げてったから、十メートルくらいかな」

「大したもんだ、見直したよ」

そんな言葉が口を衝いて出てきたのは、彼がひょろりとした頼りない体つきで、夫婦喧嘩すると決まってわが家に避難してくるからである。村の夫婦喧嘩で目のまわりに青アザをつくるのは、たいてい旦那の方である。女房が蛮刀を振り上げて、旦那のあとを追い回す姿も珍しくない（のちに私も、これを実体験することになる）。

それにしても、見れば見るほどでかい。

「長さはどのくらいだ？」

焚き火の中でとぐろを巻いたそいつを、ぞろぞろと引っ張り出してくれた。すでに落とされた頭部を含めると、三メートル近くありそうだ。不気味さを通り越して、壮観ですらある。蛇は、もともと苦手だ。村の生活入門のつもりで何度か食しはしたものの、あくまで受け身のものであった。

しかし、これだけでかいと別物のような気がしてきて、私はこの大蛇をぜひ喰ってみたいと思い始めていた。村の衆のつくる料理は、とんでもなく辛い。そこで、騒ぎを聞きつけて駆け込んできたラーに私好みの味付けを頼んだ。

火炙りが終わると、水を満たしたたらいにつけて腹を割く。長さ三十センチほどの赤い紐状のものは、肝臓だという。牛でも豚でも鶏でも肝臓は最高のご馳走で、料理が済むとまずは年長者に供するのが村の習わしである。内臓をすべて取り出すと、蛮刀でぶつ切りにする。太い部分は鍋用、女房のスージャが竹串を突き刺している細い尻尾の部分はバーベキュー用だ。後者は熾《おき》でじっくり炙って、携帯用保存食にするのである。

旦那が鍋用の胴体をまな板の上に載せ、蛮刀の背でゴンゴンと叩き始めた。硬い骨を砕くためだといい、ついでに肉の方も柔らかくする。彼は以前、チェンマイのホテルでコックをしていたことがあるといい、手並みは実に鮮やかだ。それでも、腹を割いて解体と下準備が終わるまでには一時間以上を要した。

労をねぎらいつつ焼酎を酌み交わしているうちに、噂を聞きつけた村の衆が集まってきて、高床式の広い板張りにはいつの間にか十人近い車座ができている。出されたつまみは、見た目も味もひじきの佃煮にそっくりだ。

「うまいなあ。これ、なんの料理?」

そう言うと、旦那が天井の蛍光灯を指差し、両手を広げてバタバタと羽ばたいて、次いで水を張ったバケツの中に落下するような仕草をする。そういえば、数日前の大雨の直前に、わが家でも呆れるほどに大量の羽蟻が湧いてきたことがあった。視界がかすむほどに凄まじい乱舞は、女王蟻の争奪戦なのだという。目を凝らすと、ひじきと思えた黒い紐状の下端に黒みがかってはいるものの薄黄色い横縞が見える。羽も醤油で煮込まれているから分かりにくかったのだが、仔細に点検してみると、黄色いのは腹の部分で、確かに羽蟻に違いない。そこへ、味付けのために台所にこもっていたラーが大鍋を抱えて現れた。

「クンター、何食べてるの?」

「羽蟻。日本料理みたいで、うまいぞ」

「駄目だよ、村の人が勧めるものをなんでも食べちゃあ。また、おなか壊したり体が痒くなったらどうするの?」

この旦那からもらったナメタケのような茸《きのこ》を喰ってジンマシン騒ぎを起こしてから、まだ何日も経っていない。だが、ラーは人を諌めながらもすぐに羽蟻に手を延ばした。

「懐かしいなあ。昔はよく食べたんだよ」

そう言いつつ、羽をむしってから口に入れた。

「あれ、羽は喰えないのか? 俺、羽ごと喰っちゃったぞ」

「え、村の人は羽なんか食べないよ」

見ると、車座になった村の衆のそれぞれのあぐらの前には、さりげなくむしった羽が整然と並んでいる。

「まいったなあ、全然気づかなかったよ」

「クンター、マイペンラーイ（気にしない、気にしない）」

村の衆が、笑いながら一斉に慰めてくれた。

さて、大蛇鍋である。骨を丹念に砕いた肉はこれまでに数度試したものよりもはるかに食べやすく、肉の量が多いので鶏肉に似た味わいもしっかりと把握しやすい。

「オイテテ！」

村の衆にならって右手の親指を突き出し、カレン語で「うまい」と叫ぶと、息をひそめて私を注視していた車座がどっと揺れた。ラーに睨《にら》まれたので、勧められた肝臓の素焼きはやむなく（内心はホッとしながら）辞退することにした。

これに較べると、タニシや野鳥は日本人の私にも馴染みが深く、なんの緊張感もなしに食べることができる。村の田んぼで捕れるタニシは、日本のものよりも丸く大振りである。ナームプラー（魚醤）入りの湯でゆがくわけだが、ゆがく前に貝殻の尻を蛮刀で叩き割っておくのがコツだ。ゆがき終わると、贅沢《ぜいたく》品の爪楊枝などは使わず穴の開いた尻に口をつけチューチューと身と汁を吸い出すのである。

野鳥は、近隣の若い衆が川向こうの野山を歩き回り、時には夜を徹して大樹の下に張り込んだ末、散弾銃で仕留めるなりすぐに売り込みにくるのだから、新鮮なことこの上ない。小臼で搗《つ》いた胡椒を擦り込み、醤油を垂らして熾《おき》でこんがりと炙れば、天然自然の猟師料理が味わえるというわけだ。しかも、値段は数十バーツで済む。この焼き鳥をもっとしばしば食すべく私も散弾銃を持ちたいのだが、暴発事故もよく起こるといい、ラーが絶対に許してくれない。

四月は、タイでもっとも暑い時季である。中旬のソンクラーン（伝統正月）前後には、日本の夏休みにあたる長い学期休みがあり、子供たちは野遊び、川遊びに忙しい。

そんなある日、次男のイエッと三男のポーを先頭に、数人の子供たちがどやどやと家の中に駆け込んできた。そのまま台所に突進し、ガスコンロに火を点けて煎《い》り鍋をかける。煙が上がったところで、手にしたビニール袋を逆さにして激しく揺すり、黒っぽい塊を鍋に落とすと素早く蓋を閉めた。瞬間、鍋の中から「ゲゲッ、ゲゲッ」という不気味な唸り声のようなものが聞こえ、すぐに途絶えた。

「なんだ、なんだ？」

子供たちの輪を割って蓋を開けてみると、鍋底では十数匹のセミがすでに昇天して白い煙を上げている。

「これ、どうするんだ？」

「食べるんです」

「食べる？　どうやって？」

すると、ポーがガスの火を止め、こんがりと焦げたセミたちを皿に移す。一匹の羽をむしりとってナームプラーを垂らし、ふうふうしたあとで、ぽいと口の中に放り込んだ。

「うまいか？」

「アロイディー（とってもおいしい）。クンターも食べるでしょ？」

一瞬、言葉に詰まった。カリカリして香ばしそうでもあるが、あの不充分な煎り加減では、腹からぶちゅっと不気味な汁が出てきそうである。

「う、うん。まあ、俺はいいわ」

言葉を濁す私の様子を、イエッがニコニコしながら面白そうに眺めている。この学期休みの帰省で初めて顔を合わせた彼は体格はいいのだが、ポーと違って内気な性格で、なかなか打ち解けた様子を見せない。私が話しかけても、照れくさそうに下を向くことが多いのである。彼が珍しく示した特上のニコニコに報いるべく、思い切ってセミをかじってみせようかとも思ったが、やはり「ぶちゅっ」の不気味さには打ち勝てなかった。あいまいな咳払いなぞしているうちに、子供たちは羽をむしりナームプラーをたっぷり振りかけた煎りセミをビニール袋に詰め直し、またドタドタと家を飛び出していった。川遊びのおやつにするのだそうな。

ソンクラーンでは、有名な水掛けパレードがメインイベントとなるが、カブトムシを闘わせる「闘虫」にも子供ばかりか大の男たちまでが熱くなる。この時季、村の家々の軒先には皮を剥《む》いた三十センチほどの砂糖キビがいくつも吊るされる。これが、調教を受けるカブトムシの住処兼餌場である。むろん、わが家の軒先にも数本の砂糖キビがぶらさがり、期待の戦士たちが艶のある焦げ茶色の兜《かぶと》と鎧《よろい》を光らせて白い果肉を絶え間なくむさぼり喰らっている。息子たちは、調教に余念がない。

「クンター、みんな強そうでしょ? でも、僕はこいつが一番強いと思っています」

ポーがそう言うと、イエッが珍しくムキになった顔で自分のカブトムシを私の前にぐいと突き出した。

「クンター、違います。絶対こっちの方が強いです」

内気ではあるが、なかなか負けん気は強そうである。彼は寄宿舎生活が長いせいか、村の生活では常に弟のポーに後れをとっている。魚釣りにしろ、茸狩りにしろ、カブトムシ捕りにしろ、その成果には常に圧倒的な差がついてしまうのである。山歩きも苦手で、牛も怖がる。誕生日や先祖供養の際に行う糸巻きの儀式にも、なにやら納得のいかない顔をする。そこで、ポーやラーに「お前はカレン族じゃない」などとからかわれる羽目になるのだが、この負けん気の強さは大切にしてやらねばなるまい。

「そんなら、ここで闘わせてみたらどうだ?」

「それは駄目です。勝負は、大会の日まで待ってください」

存外と、冷静なのであった。二人は、鼻を膨らませながら口々にわが調教ぶりの優位性を語りつつ、カブトムシの首のあたりを細い棒の先でこすり続ける。興奮させて闘争心を養うためであり、なんの変哲もなさそうに見える調教棒の削り方にも、それぞれの戦術に基づいた創意工夫が凝らされているのだそうな。

闘虫用のカブトムシは、日本のものとまったく同じ色形ながら、若干小振りである。彼らは闘いを勝ち抜くにつれ人々の賞賛と賭け金を集め、最強の称号を得たものには高い値段もつけられるという。

ところが、同じカブトムシでも、初めから食料としか見なされない哀れな一群がいる。ラーが茸狩りのついでに捕ってきたそのチュイ（五本角カブトムシ）を初めて見たとき、私は彼らこそ闘いにふさわしい姿をしているのではないかと思った。胴体を覆う硬い羽は、バックスキンのようにざらざらした薄茶色である。頭部は底光りのする焦げ茶色で、兜の部分にはぐいと反り返った長い角を中心に左右に短い角が二本ずつ、つまり威風堂々の五本角だ。だが、ラーは無情にもすでに彼らの足先をへし折っており、金属のボールに放り込まれてサワサワサワサワと音を立てながら必死に這い上がろうともがく姿がなんとも哀れみを誘う。

「かわいそうに。なんで足なんか折るんだよ。闘わせれば、強そうじゃないか」

「だって、これ食べるんだもん。あたしの大好物なんだもん」

「食べる？　こいつらをか？」

「そうだよ。とっても、おいしいんだよ。日本人は食べないの？」

「…………」

台所にあぐらをかいたラーは、さっそく哀れな一群の頭を引きちぎり、両の羽を力任せにむしり取る。反り返った見事な五本角を天に向けてずらりと並べられた兜は、戦国武将の首実検を思わせるほど悲壮だ。だが、兜と羽と足をもがれたあとのカブトムシは、単なる小判饅頭である。すべての敵将の首級《しるし》をあげた暴君は、鼻歌を歌いながら数種の醤油類と調味料を調合し、哀れなる小判饅頭をそこへ浸し込んだ。

待つこと、数十分。熱い油の中で、痛ましい小判饅頭どもは香ばしい薫りを放つ唐揚げへと変身した。

「ふふふ……」

不気味な薄笑いを浮かべた暴君は、ふうふうしながら胴体にかぶりつく。

「アロイター！」

カレン式タイ語で、美味を謳《うた》いあげた。

「ほらほら、クンターも試してみて」

手に取って、強引に私の口に持ってくる。ここで臆すれば、かの悪王の邪知暴虐を糾《ただ》したメロスになることはできない。警戒すべきは、セミと同じく腹から流れ出るであろう「ぶちゅっ」である。腹を避けて、胸の部分だけ口に入れた。

目を閉じた。

かじった。

安堵した。

からっとしている。香ばしい。「ぶちゅっ」もない。だが、別にうまいというわけでもない。食べられないことはない、というレベルである。

「うん、なかなかいける。けど、ポーレオ（もう充分）」

他におかずがあって、よかった、よかった。暴君は、そんなメロスの繊細な心の揺れにも気づかず、残りのチュイを息子たちと共にバリバリと平らげた。タイの研究機関の報告によれば、森に棲む昆虫類はタンパク質、ビタミン、ミネラルを豊富に含んでいるという。ダイエットにも最適らしいので、ぜひ試してみてはいかがだろうか。

そこいらの地面を深く掘り起こせば、ぷりぷり太った茶色のコオロギも捕れる。これも唐揚げにして食すが、チュイ同様食べられないことはないというレベルである。息子たちが川遊びのついでに捕ってきた野ネズミの肉もお粥《かゆ》にして食べてはみたが、こちらも同様だった。

ただし、ムササビとコウモリは鶏肉とほとんど変わらず、なかなかいける。山ヤギは、コラーゲンがたっぷりで牛肉に近い味がした。キョン（小形の鹿）は味に妙な癖があり、さほどうまいものではない。山猫は、肉が緑色がかって見えたので、ちと不気味になり敬遠した。体長一メートルほどの大トカゲの売り込みもあり、暴君は狂喜したが、まだ大蛇に食欲を感じる前だったので、強引にお引き取り願った。だが、大トカゲも山猫もいずれは食す日が来るに違いない。それが、村の暮らしなのだから。

よく人に訊かれるのが、水事情である。村には、山奥の水源地からビニールパイプを継ぎ足して一応は水道が引かれている。毎月の使用量は、二十バーツだ。

ところが、この水道、よく止まる。ひどいときには、二週間も三週間も水が出ない。まだ水源地まで足を運んだことはないのだが、一帯は沼状になっているらしく、水牛や牛が水浴びにやってきてパイプの取水口をずらしたり、継ぎ目を破壊したりするらしい。まとまった雨が降ると、土砂崩れが起きてやはり継ぎ目が外れてしまうのだという。止まらないにしても、ひどい濁りが入るのは水牛や牛の水浴びのせいで、家で溜め水をするときは彼らが来ない早朝のうちにやらなければならない。それでも、蛇口に汚れ濾《こ》しの布切れを巻き付けると、内側に緑色の苔や赤茶色の泥がべっとりとこびりつく。飲むには、ちと勇気がいる。

そこで、各家の軒下には縦一・五メートル、胴回り四メートルほどのずんぐりした丸いコンクリート製の貯水タンクが置かれている。村の家には雨樋などないから、トタン板を使って雨を集めるのである。村に住み始めた当初、わが家には貯水タンクがなかったので、隣家のプーノイ宅からしばしばもらい水をして飲料水に充てていた。なんの匂いもないさっぱりとしたうまい水で、特に腹を壊したこともない。その後、同じ貯水タンクを購入しようとしたところ、もう村では手に入らないとかで、チェンマイからの取り寄せでわが家に届いたのは、鮮やかな紺色のポリタンク（容量千リットル）であった。

ところが、見栄えはいいがコンクリート製と違って雑菌が付きやすいらしく、水を飲んだ家族が次々に腹を壊し始めた。私だけならともかく、ラーや息子や甥っ子もとなると尋常ではない。こういうわけで、今は飲み水は購入し、貯水タンクの水は調理用と皿洗い用、水道からの水は水浴び場兼トイレ用と使い分けている。

水浴び場兼トイレは、台所裏の屋外にある。横幅三メートル、奥行き二メートルほどのセメント床のまわりにコンクリートブロックを積み上げ、トタン屋根を張っただけの簡素な造りである。ドアには割竹が打ち付けてあり、長年水をかぶった下端はすでに腐ってボロボロだ。しかも、飼い犬が水浴びから逃れようとしてぶち破った大きな穴が開いているので、古くなったラーのジーンズで目隠しをするという、なかなか洒落たデザインセンスも生きている。

隅に大型のバケツを二個置いて水を溜めておき、全身を洗い終わったら頭からぶっかぶる。十一月から二月の冬季にはさすがに冷え込むから、水をかぶると「ヒィッヒェ〜ッ」という情けない声が出る。それを隠蔽するために大声で「エイッ!」と気合いをかけたところ、世話焼きで心配性のラーが病気で倒れたと勘違いして大騒ぎしたことがあった。それ以降は、「ムッ!」という無音の気合いで自分を律している次第だ。

反対隅には、二十センチほどの高さのコンクリート台に金隠しのない白く平たい便器が埋め込まれている。わが家の場合、ブランド名は「ＴｏＴｏｏ」である。お尻直下の爆撃地点には、丸い窪みがある。爆撃が済むと柄杓《ひしゃく》でたらいの水をすくい、後方からお尻の割れ目に沿ってザザーッと流しつつ、前方から回した左手の中指で肛門を優しくさする。これで、お尻と便器の洗浄が同時に完了する。初めのうちは、濡れた臀部をいちいちタオルで拭いていたものだが、腹具合によって洗面より排便が先になると、尻を拭いたタオルで顔まで拭う羽目になる。これが嫌で放っているうちに、そんな水分などすぐに乾いてしまうことに気がついた。

この手動式ウォシュレットに慣れてしまうと、どこぞの先進諸国で行われている肛門を紙で拭うなんて野蛮な行為にはとても耐えられなくなってしまう。

トイレの裏には直径一・五メートル、深さ二メートルほどの土管が埋められ、土中からガス抜きの細いビニール管が突き出ている。落下物は水と共に土管に流れ込み、土中バクテリアの力で発酵—分解—吸収の道をたどるらしい。さほど大きな浄化槽ではないのに、スコールが流れ込んだりしない限りあふれることはない。この分解—吸収のスピードの速さは、タイ独自の気候条件によるものか、あるいは土の成分によるものか、はたまた唐辛子をはじめとする諸食物に因を求めるべきものなのか。

いずれにせよ、昭和三十年代のような暮らしが残るわが村でも、ことトイレに関してはかなり先進的で、かつての日本のように汲み取ったり川に流したりという野暮な真似はする必要がないのである。

雨季が終わって雨が降らなくなると、水質の良いときを見計らって水道の水を布で濾しながらタンクに溜めることになる。とはいえ、オムコイの乾季は十一月半ばから五月半ばまでと実に長い。一番暑い四〜五月には、水道も涸《か》れてしまう。村には公共の水場が二ヶ所あり、家の水道が使えなくなると、天秤棒《てんびんぼう》の両端にバケツをぶらさげてそこまで水汲みに出かけなければならない。水汲みは、基本的に女の仕事だ。

だが、いかに公共の水場でも貯水量には限りがあるから、これも数日で涸渇する。そうなると、川に行くしかない。水浴び、食器洗い、洗濯、すべて川の水に頼らざるを得ないのだ。もちろん、川の水も涸れて水深はふくらはぎの半ばほどもない。本格的な乾季の前に、村人が総出で砂嚢《さのう》の堰を渡して腰の深さほどの淵を作るのは、このためなのである。

村の衆、特に年寄りたちは、川の水も平気で飲んでしまう。だが、ラーに言わせれば昔はもっときれいだったけれど、洗剤や農薬が普及するにつれてときに魚が浮いたりするようになり、今ではとても飲む勇気がないという。

何はともあれ、仕事を終えた夕暮れどき、洗面器に石鹸やヘチマなどを入れ、バスタオルを肩に夫婦して川風を浴びながら水辺への坂道を下るのはなかなか気分がいい。川遊びを兼ねた水浴を済ませて坂道を登り始めると、ちょうど正面の山の端に夕陽が沈む頃合いだ。筒状の巻きスカートを胸元で縛り、洗いざらしの長い黒髪を風になびかせたラーと肩を並べて坂道を登っていると、この村がわが新たなる家郷となったことをしみじみと実感するのである。

第六章　気にしない《マイペン》、気にしない《ラーイ》

五十代半ばを過ぎた男が海外に移り住もうという以上、それなりの資金計画を練って臨むのは当たり前だろう。

北タイの中心都市チェンマイおよびその周辺は、引退後のロングステイ先として人気があり、為替差益を利用して日本とは比較にならない優雅なリタイア生活を送ろうという年金生活者のメッカになっているらしい。

だが、私の場合は日本での暮らしを放棄するような形でこの村に住み着いたのである。わずかな年金受給ですら、まだまだ先の話で、周知のようにそれが完全に保証されているわけでもない。日本に較べていかに物価が安く、また自給自足に馴染みつつのんびりと暮らしているとはいえ、それなりの現金収入は不可欠である。自営業者の退職金制度である中小企業共済積立金を解約して得たわずかな貯えは、躁状態のもとでの放埓《ほうらつ》な海外放浪ですでに尽きかけている。手持ち資金が底をつく前に、なんらかの有効な手を打つ必要があった。

すでに書いたように、村で暮らす前から牛は飼い始めていた。世話は甥っ子のジョーや次姉に任せてあるから決まった給金はいらず、基本的に放し飼いなので餌代もいらない。必要なのは、体調を整えるための塩代、時おり皮膚につく血吸い虫の駆除代、疫病が出たときの薬とビタミン剤代、それに草が枯れる乾季に備えて備蓄しておく藁《わら》代くらいなものだ。だが、すでに数頭生まれた仔牛たちがすぐに成長するわけもなく、元が取れるほどの値段がつくまでには四〜五年はかかる。いわば年金代わりであり、いざとなったら売りさばく保険のようなものと考えるしかない。

では、手っ取り早く現金収入を得るにはどうすべきか。まだオムコイの右も左も分からない時期だから、すべてはラー頼みである。

「クンター、レゲエバーなんかどうかしら？　オムコイには娯楽が少ないから、きっと賑わうと思うんだけど」

タイ人は、レゲエが大好きである。その象徴であるボブ・マーリーは、チェ・ゲバラと双璧を成す人気者だ。そして、旅先での自由と解放、具体的にはマリファナと官能的なリズムを求めて、老若のファラン（欧米人）たちもレゲエバーに押し寄せる。チェンマイにいるころ、私たちもしばしばレゲエバーに足を運んだものだが、このとき、町の酒屋でなら四十〜五十バーツで買えるビールに平気で百バーツ以上もはたく客たちの気前の良さに、ラーは驚嘆したらしい。確かに、社交的なラーの性格からすれば客は集まるかもしれない。しかし、それゆえに友人・知人を中心に構成されるだろう客から勧められた酒を断ることができず、毎晩ひどく酔っぱらうことも目に見えている。

それに、アルコールを扱う水商売には必ず警察が関わってきて、かなりの袖の下を払わなければならないことも分かってきた。夜ごと酔っぱらいの面倒を見るのも、悪名高いタイ警察との関わり合いも御免なので、このアイディアはすぐに却下した。

「だけど、娯楽が少ないからそれに関係した何かをやるというのはいい発想だと思う。町や村の人たちが何を欲しがっているか、それをもう一度探ってみてくれないか」

それから彼女は町を走り回って、親戚、友人、知人にリサーチをかけた。とりわけ、町で暮らす長姉の家には何度も足を運んだようだ。数日後、いつものように町から戻ってきたラーがどたばたと家に駆け込んできた。

「クンター！　長姉がね、バナナ園を安く譲ってくれるって。それにね、甥っ子のサーンがバイクやクルマの修理工場はどうかって言ってるよ」

「バナナ園に修理工場？　なんだ、そりゃ？」

何度も書いたように、ラーはジャイローンである。気性が激しく、せっかちなのである。それに、英語もきちんと学んだわけではないから、はやる気持ちに言葉が追いつかず、知っている限りの単語を強引につないで、前置き抜きの結論らしきものを滅茶苦茶な言い回しで叫ぶことになる。彼女の話を想像力で補う術《すべ》はかなり身についたとはいえ、こちらが何かに集中しているときには頭の回路がなかなかつながらない。

「待て、待て。とにかく水でも飲んで、それからゆっくり話せよ」

彼女のジャイローンぶりは、水で冷えるほど甘いものではないのであるが、それでもなだめすかし、あちこちに飛び散らかる話をなんとか整理して理解できた話の筋はこうである。

長姉夫婦は、町の郡役所の裏手にかなり広大なバナナ園を持っている。ところが、次男がチェンマイのラチャパット教育大学に入ったために学費が足りなくなった。そこで、その半分をクンターに買い取ってもらいたい。すでに、他の人から十万バーツで買いたいという話が来ているのだけれど、そこを姉妹のよしみで五万バーツに値下げするが、どうか。

「しかし、バナナ園で金が稼げるのか？」

この質問に対するラーの答えは、こうである。

「とにかく、五万バーツは安い。すでに十万バーツという買い値がついているのだから、すぐに売っても五万バーツは確実に儲かる。これから町はもっと発展するはずだから、将来はさらなる値上がりも見込めるだろう。先々、観光客向けのリゾートハウスを建てることも可能だ。その間、バナナや野菜やナマズを育てて、市場に売ることもできる。おまけに、バナナ園の中には豚舎があり、姉たちは養豚もやっている。豚は牛と違って、数ヶ月で現金に換えられる。豚舎も無料で使えるし、姉夫婦が飼育も手伝ってくれる。こんないい話が、一体どこにあるだろうか？」

「うーん、なるほどなあ。でも、お前さん、バナナ園の管理や野菜づくり、それにナマズの養殖や養豚なんてできるのか？」

「夫が生きていたときには、社宅の裏庭で野菜を作ったり、黒豚を一頭飼ったりしていた。それに、義兄はとても親切な人だからいろいろ教えてくれる。マイミーバンハー（何も問題はない）」

話半分にしても、これならなんとかいけるかもしれない。

それに、バナナ園というのもタイらしくて面白そうだ。

「で、ついでに修理工場もそこに作ろうっていうのか？」

「否。長姉の長男サーンが町の修理工場で働いており、結婚も決まったのでそろそろ独立したがっている。銀行融資で建てた家も、そのつもりで修理スペースを取ってある。屋根さえつければ、すぐに開業できる状態だ。そこで、われわれが出資して彼に稼がせる。自分には友だちや知り合いがいっぱいいるから、きっと儲かるに違いない」

ここであたりを見回せば、「よくまあ、これで走れるもんだ」と呆れるほどガタボロのバイクやピックアップが黒煙を上げて町や村を走り回っている。そして、しょっちゅう故障している。その反面、ピカピカの新車や最新型のバイクもよく見かける。わが村でも意外にクルマの普及率が高く、六十〜七十万バーツという新築の家よりもはるかに高価な新車や、その半値程度のレベルのいい中古車を一体どうやって手に入れたのだろうかと、不思議に思うことが多い。

私の勝手な解釈によれば、この地はモータリゼーションの黎明期にあり、金のない者はとにかく走りさえすればいいという覚悟でなんとかガタボロを手に入れ、だましだまし修理しつつ、その命が尽きるまで乗り続けようとする。一方、その内情はともあれ富裕層と見られる者たちは後先も考えずに無謀なローンを組み、タイ人（カレン族もタイ国のIDカードを持つタイ人である）にとっては命よりも大切な面子《メンツ》を保とうとする。いわば、日本の昭和三十〜四十年代のようなもので、いかな山奥といえども今後のモータリゼーションの波はとどめようがないだろう。

富裕層はモデルチェンジに一喜一憂しながら買い替えにうつつを抜かし、今後の緩やかな経済成長につれて、ガタボロはそれなりに見栄えのいい数年落ちの中古車やバイクに乗り換えられてゆくに違いない。ご多分に漏れず、タイでは日本車の人気がきわめて高い。わが村ではクルマといえば、TOYOTAかISUZUのピックアップを指す。バイクといえば、HONDAかYAMAHAである。しかし、いかに優秀な日本車とはいえ、組み立てや整備はタイ現地で行っている。そして、ここは呆れるほどの不良品が我が物顔で流通している国である。そこに、ビジネスチャンスがありはすまいか。

冷静に考えてみれば、単に長姉夫婦が次男の学費に困ってバナナ園を売りたがり、修理工の長男が結婚を控えて独立したがっているというきわめて安直な申し出にしかすぎないのだけれど、あれこれ理屈を後付けしてみるとかなり可能性の高い話に思えてきた。それに、町や村をひとまわりしてみると、衣食住関連はもとより、たいていの商店は出揃っており、今更われわれの出る幕はなさそうだ。

かといって、家庭用の据え付け電話を経ることなく急速に普及している携帯電話やネット関連ビジネスは、ハイテクにからきしでタイ語も不得手な私には手に負えない。ここは、安直とはいえども親戚のつながりを利用して、手堅いところから始めるしかなさそうだ。

そこでまず五万バーツをはたいてバナナ園を買い取り、十二万バーツをはたいてサーンの家に屋根を取り付け必要最小限の工具・機械類を買い込んだ。もちろん、修理工場にすぐに利益が生まれるわけではない。なにせ、バイクのパンク修理代わずか二十バーツ（六十円前後）という世界である。とりあえずわれわれにできることは、バナナ園に野菜を植え、豚舎で豚を飼うことくらいだろう。

近所の若い衆に声をかけて、まずはバナナ園の隙間に畑を耕すことにした。労賃は、親戚値段で一人一日百五十バーツである。しかし、彼らが鍬を手にするまでが、なかなか厄介だ。だいたい、声をかけてすぐに集まってくるのは定職も持たず、家の手伝いもせず、阿片やヤーバー（馬鹿薬・覚醒剤の類）を吸ってはぶらぶらしている怠け者たちである。彼らが百五十バーツに即座に反応するのは、もちろんクスリをやりたいがためだ。従って、まずは朝七時半に家にやってくる彼らに五十バーツの前渡しをしなければならない。朝飯が喰えなかった奴には、焼酎を飲ませ飯を供することもある。彼らはほとんどがラーの親戚や友人知人の息子だから、ガキのころにはおしめを換えたりしており、腹を減らした様子を放ってはおけないらしい。

五十バーツを手にした彼らは、蜘蛛の子のようにそれぞれの吸引場所に散っていき、三十分ほどで戻ってくる。とりたててハイになった様子はないが、体内には力がみなぎっているらしく、現場に着くとタイの炎暑にさらされて乾ききった硬い大地に猛然と鍬を打ち込み始める。彼らをバイクで数往復して現場に運んでいる間、ラーは昼飯である鶏やカエルのスープを作る。そして、十時になると焼酎や強壮ドリンク剤を買って現場にやってくる。彼らは、おやつ代わりの焼酎をぐい呑みであおり、どこぞのコマーシャルのように左手を腰にあててドリンク剤を飲み干し、自分で煙草を巻いて一服する。阿片やヤーバーの効用は、昼までは持続するらしい。

昼飯前にも焼酎をあおるが、クスリのせいでごつい体のわりにはあまり飯は食べられない。胃袋に収まるカオニョウ（餅米）の量は、彼らを監督しながらときどき鍬をふるうだけの私の方が多いくらいだ。そそくさと昼飯を済ませると、再び彼らはどこかへ散っていく。そして、三十分ほどすると元気いっぱいになって戻ってきて、また黙々と鍬を打ち込み始める。

三時の焼酎タイムを過ぎると、さすがに動きが鈍くなってくる。気持ちはすでに、仕事を終えたあとの吸引に向かっているらしい。気合いをかけて、なんとか五時までは尻を叩き続ける。

「ベーヤオ（もう充分）！」

カレン語で終業を宣言すると、車座になってまたまた焼酎だが、すぐにでも戻りたがる素振りをみせる奴はかなりの中毒だと思っていい。その場で残りの百バーツを手渡し、そいつを一番にバイクの尻に乗せて村に戻らなければならない。私の仕事はそこまでだが、なかにはわが家に居残って焼酎を飲み続け、晩飯まで喰っていく奴もいる。ラーにはこれが当たり前なのだが、むさ苦しい若い衆と朝から晩まで顔を突き合わせているのも、なかなか気苦労だ。

「てめえら、ごつい体してなんでぶらぶらしてるんだ？　とっととクスリなんかやめて、仕事に就きやがれ！」

そう啖呵《たんか》を切りたくもなるが、彼らが仕事を持つようになったら、一体誰が腰痛持ちの私の畑を耕してくれるというのだろう。メンバーは多少入れ替わったが、このドラッグ軍団のおかげで三日目には立派な畝《うね》が二十列ほど並んだ。豚舎の脇から乾燥した糞をすくってきて、肥料にする。小松菜、胡瓜《きゅうり》、長茄子《なす》、パクチー（香菜）、ズッキーニなど数種の種を蒔き、水をやってとりあえずの畑づくりを終えた。

ところで、いかに山奥の過疎地とはいえ、こんなに麻薬類が野放しになっていて大丈夫なのだろうか。むろん、タイでも密売や吸引は明らかな犯罪行為である。そして、タクシン元首相が政権に就いていたころには、数千人の密売人が射殺されるほどの苛烈な取り締まりが行われたという。ラーの話によれば、わが村でも二人の売人が射殺され、それ以降は嘘のように売人や吸引者の姿が消えていったらしい。

ところが、そのタクシン氏が軍事クーデターによって失脚すると、これまた嘘のように取り締まりの手が甘くなってくる。いつの間にか、売人の姿が復活し、あちこちに吸引者の姿が見られるようになってきた。そして、今では私たちの身の回りにも吸引者がゴロゴロしているという始末だ。

取り締まりが行われていないわけではない。時おり、黒い制服を着た摘発部隊が大挙して村に押し掛け、吸引者を町の寺院の一画を借りた更生所に収容したり、通報を受けた警官が吸引現場を押さえたりもする。しかし、収容期間は一〜二週間と短く、村に戻ってくればまわりの環境は変わっていないのだから元の木阿弥である。警察への留置も数日間程度で、これもさほど実効性がない。これが売人ともなれば刑罰ははるかに厳しくなるが、どういうわけかお縄にかかるのは末端の小物ばかりで、大物はするりと網の目をくぐり抜けてしまうのである。

時おり、わが村の上空を軍のヘリが巡回することもある。これは、山の中の芥子《けし》畑を摘発しているわけだが、植える方も馬鹿ではない。育った芥子に絡みつくようにして茂る蔓《つる》状の野菜を一緒に植えてカモフラージュするものだから、なかなか見つけにくいのだという。見つけたところで、今度は山の中に分け入り、数時間かけて現場にたどりつかねばならない。その間に情報が走り、密植者は素早く逃亡してしまう。あるいは、時に銃撃戦に発展する。見つかった芥子畑は、摘発部隊の手によって刈り取られ焼き払われるが、オムコイから西につながるメーホンソーン県、さらにはミャンマー国境に至る山奥の栽培地は無尽蔵である。かくして、摘発はイタチごっこに終始し、元を絶つことがなかなかできないというのが実情のようだ。

こうした悪循環が、つい最近になってようやく断ち切られるような気配が見えてきた。二〇一一年八月、タクシン氏の実妹インラック氏を首相にいただく新政権が誕生し、麻薬根絶へ向けた厳しい姿勢を打ち出したのである。この方針は、すでに新政権発足直後から郡役所に伝えられていたのかもしれず、わが村ではすでに新村長が阿片吸引者の家々を巡回しては説得活動を行い、村外れに急ごしらえされた更生所にかなりの人数を収容してきたのだった。

この新村長、クリスチャンということもあって麻薬撲滅には非常に熱心だ。村にとっては、良いタイミングで良い新政権と新村長が誕生したのかもしれない。ところが、懲りない面々というのはどこにもいるもので、そうしたさなか密売人だという噂の若い女が村に出没するようになった。その手口は、色仕掛けと麻薬を餌に若い独身男に近づき、いつの間にかその家に入り込んで居着いてしまうのだそうな。

まあ、とんでもない奴が現れたものだと思っていたら、なんと数日前からその女が隣家のプーノイの家で寝泊まりしている様子だ。垣根越しに顔を合わせると、にっこりと笑いながら私にワイ

（合掌礼）を送ってきたりもする。隣家には二人の独身の息子がおり、どうやらそのどちらかが魔の手に落ちてしまったらしい。隣家で唯一阿片をやらないプーノイも、なにやら見返りでもあるのか、それとも顔立ちのいい若い娘にだらしなく鼻の下でも伸ばしているのか、追い出そうともしないのである。

これに怒ったラーが、わが家のベランダからさっそく怒鳴りつける。すると、若い女も口で猛然と反撃してきた。何を言っているのかはよく分からないが、この村でラーに逆らうとはとんでもない糞度胸である。一瞬、薪か蛮刀をつかんで飛び出しはしないかと身構えたが、思いのほか冷静だった。むろん床を踏み鳴らして猛然と飛び出しはしたものの、手にしたのは携帯電話で、すぐさま新村長に電話をかけつつ公民館にその女を引きずっていった。

騒ぎを聞きつけた村の衆も、ぞろぞろと公民館に集まってくる。さて、どんな裁定が下るのかと思ったら、すでにこの女の噂を聞きつけていた新村長と副村長が、その場で「村への立ち入り禁止」を申し付けた。そして、それを破った場合はすぐに警察と軍に通報するとも。新村長や副村長は男であるからして、その場で女性の体をまさぐって所持品検査をすることはできないのだという。念の入ったことに、この裁定は近隣の村にも通達されるそうだ。

普段は穏やかな新村長の厳しく鮮やかな手際に感心していると、彼は何を思ったかラーに向かって、

「今度この女を村で見かけたら、薪で殴っても構わない。その場合の全責任は、俺が持つ。ただし、

蛮刀はいけない」

重々しく宣《のたま》うではないか。

ラーと村の衆は大喜びだが、おい、おい、おい。それは、ちょっと余計なんじゃないかあ。

何はともあれ、一件落着。女は、村人の罵声を浴びながらすごすごと町へ戻っていった。その中には、適切な処置を怠ったプーノイ一家への非難も混じる。それにしても、居直った女の姿はしたたかで恐ろしい。公民館に引きずられていくときの悪態ぶりは、私も思わずパンチを出したくなるほどの凄まじさだった。これは、相当なタマかもしれない。あとになってなにやら反撃を企むおそれもあるが、なに、新村長の公認付きである。いざとなったら、私も薪か蛮刀を引っつかみ……。あ、いかん、いかん。せいぜい、マラリア蚊のボーフラが浮いた腐れ水をぶっかけるくらいにしておこう。


さて、話を元に戻そう。逼迫《ひっぱく》したわが家計の救世主となるはずの豚は、なかなか手に入らなかった。ラーの長姉から「豚舎で仔豚が生まれた」という連絡が入ったのは、畑づくりの二ヶ月後である。急いで駆けつけると、この豚舎を借りて養豚をしているという女が待ちかまえていた。なぜかは知らないが、怖いほどの仏頂面である。

タイが微笑みの国なんていうのは、観光向けの表面的な解釈にしかすぎない。むろん、心がとろけるほどの麗しい微笑みに出会う場面は日本よりもはるかに多いが、やはり人それぞれなのである。

タイを詳しく知る人によれば、一九八〇年代末からの経済ブーム以降、タイとりわけ首都バンコクはストレス社会に入り、人々の微笑みがめっきり見られなくなったともいう。このオムコイにも、遅ればせながらストレス社会の兆しが現れ始めたのだろうか。

「白豚は一頭千二百バーツ、黒豚は一頭千九百バーツだよ」

彼女の怒ったような品のない大声を、ラーが英語に訳す。

「千二百バーツ？　以前は、一頭八百バーツくらいだって言ってたじゃないか」

「それは米の収穫前だったからだよ。今はみんなが懐に余裕があるから、豚も値上がりしたというわけ」

「そんなのありかよ？　それにしても、この白豚はなんだか頼りないなあ。これに較べると、あっちの黒豚の方ががっしりして高く売れそうだ。今、千九百バーツで買ったとして、一体何ヶ月後にいくらで売れるんだ？」

「ちょっと待ってね。えーと、三ヶ月後には売りに出せるそうだよ。値段はそのときどきで上下するけど、たぶん一頭五〜六千バーツくらい。飼料が結構高くて、一袋三百七十バーツ。姉は八頭飼っているから、一ヶ月に十袋は必要だと言ってる」

「え、結構高くつくんだなあ。残飯じゃ駄目なのか？　俺が子供のころは、豚の餌は残飯に決まってたぞ」

「えーとね、残飯でもいいけど、どこでそんなに大量の残飯を集めてくるのかって逆に訊いてるよ。

それにオムコイの養豚業者はみんな飼料をやっているから、残飯なんかやってるって噂が立ったら買い手がつかなくなるかもしれないって」

そういえば、私が子供のころ、町外れの養豚業者は毎日家々を回って残飯を集めていたっけ。右も左も分からないこの町で、そんな真似できるわけがない。ここで私は頭の中で買い値、飼料代、売り値を勘定し「さて、何頭買おうか」と思案する。幸いなことに、豚舎の使用料はタダだし、長姉夫婦が豚の世話の仕方も教えてくれるという。今のところ、現金収入の近道はこの養豚だけなのだから、それなりの初期投資はやむを得まい。

「よし、とりあえず黒豚を五頭買おう。買い値も高いけど、売り値も高くなるんだから黒豚の方がいいだろう?」

「そうだね、あたしも黒豚の方がいいと思う。白豚よりも可愛いしね。それじゃあクンター、どの豚にする? あたしはこの二頭に目をつけているの」

「そうか、じゃあ俺はこれとこれとこれ」

豚の選別眼などまるで持ち合わせていないのだから、とにかくぷりぷり太って元気そうな仔豚を指差した。売り主が白いスプレー缶を手に豚舎に入り込み、私たちが指差す仔豚の背中に印をつけようとする。だが、十頭の仔豚たちは甲高い悲鳴をあげて必死に逃げ惑う。体長五十センチほどとはいえ、真っ黒な仔豚たちが塊になって暴れ回るとさすがに迫力がある。長姉はかつて、体当たりをくらって脛《すね》を折ったこともあるという。ついには私たちも売り主も、どれが私たちの望む豚かさっぱり分からなくなり、女たちの金切り声と豚の悲鳴とが耳をつんざく。

「それそれ、その太った奴!」

「どれ? 豚はみんな太っているんだから、見分けがつかないよ」

「だから、それ、それ、その隅っこに頭を押しつけている可愛い豚よ!」

というのは、カレン語がまったく分からない私の勝手な想像なのだけれども、おそらく女たちはそんなことを怒鳴り合っているのだろう。私と義兄は脇に控えて、苦笑しながらその混乱ぶりを眺めるばかりだ。

やっと目印を付け終わると、今度は豚舎の移動だ。売り主が仔豚の尻尾や耳をつかみ強引に引っ張り出そうとするのであるが、当然敵も必死に抵抗する。男勝りのラーも豚舎に入り込み、売り主に加勢した。私は割り当てられた豚舎の前で待ちかまえ、引っ張り出された豚たちを入り口に誘導する係だ。しかし、そうそううまく事が運ぶわけはなく、取り逃がした豚を追いかけて右往左往するばかり。どうにか五頭全部を確保したところで、姉が「どうせなら、縁起のいい数字の七頭にしたら」と言い出した。そう言われてみると、豚舎の中が妙に寂しい。豚との追いかけっこでハイテンションになっている私も、思わず、

「そうだな。ラッキーセブンでいこう!」

同意すると、またまたひと騒ぎ。ひと息ついたところで、ラーがタイの商習慣に従って値引き交渉を始めた。

「ねえ、一頭千八百五十バーツにならない？」

「駄目ダメ！　ここまで面倒見るのに、手間暇かかってるんだから」

「だって、まとめて七頭も買うんだよ」

「仕方ないねえ。じゃあ、一頭千八百五十バーツにしよう」

ここで、私の出番である。

「それでも高いなあ。千八百バーツで手を打とう」

売り主が真っ赤な顔になって、何かを喚《わめ》き立てた。

「それなら売らないって言ってるよ。どうする？」

ラーが、不安げに私の顔色をうかがう。脇にしゃがみ込んだ姉が、ハラハラした様子で私たちのやりとりを見守っている。

「そんなら、取引は中止だ。俺も、こんなに高い豚は買いたくない」

そっぽを向いた。

「……仕方ない、千八百バーツでいいよ」

売り主は、ますます赤い顔になって長靴で豚舎を蹴飛ばした。

交渉成立。姉が近寄ってきて、「気が変わらないうちに、すぐにお金を払った方がいいよ」と耳元で囁《ささや》く。高値の現時点としては、かなりいい買い物になったらしい。

私はバイクに駆け寄り、国民的人気を誇る社会派ロックグループ「カラバオ」の曲を口笛で吹きつつ郡役所敷地内にある銀行へと向かった。銀行は町に一行、ATMはこの銀行の一台のほか市場の前に無人機が一台と、つい最近開店したセブンイレブンに一台あるのみだ。

翌朝からの仔豚の世話は、意外にも楽しかった。朝八時に豚舎に顔を出すと、腹を空かせた七匹の仔豚が一斉に餌箱に駆け寄ってくる。昨日の購入時にはパニック状態だった仔豚たちも、今日は頭や背中を撫でてもおとなしく餌を食べている。いずれも黒毛の色つやがよく、固太りで健康そうだ。大混乱の中で選んだわりには、いい結果が出たと思う。

バケツに食後の水を入れてやると、凄まじい争奪戦が始まった。その様子を眺めていると、それぞれの豚の性格や個性も見えてくる。中に一匹ものすごいわがまま坊主がいて、水を独占したいのかバケツをくわえて引きずり回すので、何度やってもすぐに空っぽになってしまう。

「馬鹿だねえ、まったく」

私は苦笑しながら、そのわがまま坊主に嫁の名を取って、ひそかに「ラー」と名付けた。それから、それぞれに「ブー」「フー」「ウー」と名付け始めたのであるけれども、彼らが激しく動き回るのですぐにお手上げとなった。

餌やりが済むと、豚舎の清掃である。豚は清潔好きなので、彼らの糞尿は豚舎の片隅に集まっている。私の作業はそれをスコップですくいあげ、豚舎の裏に放り出すだけだ。放り出した糞尿は、タイの強い日差しを受けてすぐに乾燥し、放し飼いの鶏の餌や野菜用肥料に変わる。あとは大型のバケツに水を汲み、それをコンクリートの床に叩きつけるようにして洗い流していく。

七匹の仔豚が住まう豚舎は、三メートル四方足らずである。屋根が低いため腰を屈めるのが少々辛いが、作業自体はそれほどの重労働ではない。朝飯前のいい運動といったところだ。まだ喰い足りないのかこちらの顔をじっと見つめている奴、満腹したのかごろりと横になって目を閉じている奴、壁の隅に尻を向けて行儀良くうんちをしている奴。作業を終えて、思い思いの表情を見せる仔豚たちの姿を眺めていると、気分がホンワカしてくる。牛に近づくときは少々緊張するけれども、仔豚たちとはすぐに打ち解けることができた（ように思う）。そのころは他に仕事もなかったので、野菜への水やりを兼ねた朝夕二回の豚舎通いは、単調な日々の中の絶妙なアクセントとなった。

だが、この仔豚たちとの蜜月も長くは続かなかった。石油の高騰と共に飼料代が急速に値上がりし、仔豚たちもそれを上回るスピードで成長して大量の餌を食べるようになった。つまり、餌代が私の懐を脅かし始めたのである。

「ラー、これじゃあいくら豚が大きくなっても餌代の方が高くついちまうぞ」

「そうだねえ、まさか二ヶ月の間に一袋が五百バーツまで上がるなんてねえ。早く売った方が良さそうだね。さっそく、姉に話してみるよ」

豚舎に買い手が現れたという連絡が入ったのは、その一週間後だった。さっそく駆けつけてみると、カレン服を着た中年夫婦が待っている。なにやら、祝い事のために豚をつぶすらしい。長姉が近寄ってきて、「二頭を五千バーツでどうかって言ってるよ」と耳打ちする。

あちゃーっ。ということは、一頭二千五百バーツ？

われわれは生後一ヶ月あまりの仔豚を一頭千八百バーツで購入したのだが、その時点では「三ヶ月後には一頭五〜六千バーツで売れる」という話だった。豚の飼料は毎月値上がりしており、彼らはもう一頭あたり約千バーツの餌を胃袋に収めている。つまり、一頭あたりの投資費用は、すでに二千八百バーツを超えているのである。これまでの苦労を考えると、とても相手の望む額で売る気にはなれない。買い手が欲しがっているのは雄二頭で、体重はそれぞれ八十〜九十キロくらいだろうか。オムコイでの市場価格は、現時点でキロ五十バーツだという。

「とにかく、重さを計ってみよう。秤はあるんだろう？」

ラーが姉に訊くと、「そんなものはない」という返事。

「え？　前にここで秤を見たことがあるぞ」

「ああ、それはあの売り主のもので姉は持っていないんだって」

なんてこったい。

「じゃあ、どうやって値段を決めるんだ？」

「それは、クンター次第だよ」

うーん、参った。

「一頭四千バーツ、最低でも三千五百バーツは欲しいな。なにしろ、餌代が高いからなあ」

ラーに耳打ちすると、買い手の夫婦が話し合って「それじゃあ、高すぎるから一頭三千バーツでどうだろう」と言う。それでも、労賃を含めれば完全な赤字である。このあと、五百バーツをめぐる執拗な攻防が続いたが、どうにも決着がつかない。面倒な交渉ごとの苦手なラーが、とうとう折れそうになった。

「クンター、このまま買い手がつかないと餌代がかかるだけだよ。三千バーツで手を打って、仔豚をまた買った方がいいんじゃない?」

「あのなあ、仔豚を買うときに絶対儲かると言ったのはお前さんだぞ。労賃を考えれば、完全な赤字だ。一体、何を……」

しかし、今は豚も喰わない夫婦喧嘩などしている場合ではない。「考えているんだ!」という言葉を呑み込んで、頭の中でもう一度計算してみるが、結果は同じである。三千バーツでは、どうしても売る気になれない。こうなったら、意地である。

……先々こちらの言い値で売れなければ、ペットとして可愛がっていけばいいじゃないか。かつてはビジネス本も書いたことのある人間にあるまじき非経済的なことを考えながら、ラーにもう一度駄目出しをする。相手は、「高すぎて買えない」と繰り返して商談は決裂した。その一ヶ月後、町の市場で豚肉屋を営むラーの友人が七頭を断続的に買い取ってくれた。キロ五十バーツ、最高で四千五百バーツ、最低で三千五百バーツの値がついたが、すでに各豚の胃袋には三千バーツに近い餌が収まっている。

買い値が千八百バーツであるからして、完全な赤字だ。

いやはや。

売り渡す前、ラーはそれぞれの豚を愛しそうに撫で回し、少しばかり涙を滲《にじ》ませた。糞尿のきつい匂いで持病の鼻アレルギーが悪化したと言って、この一ヶ月は豚舎に近づこうともしなかったくせに、やはり別れは辛くなったらしい。


野菜は順調に生育したけれど、市場の買い取り価格が驚くほど安い。たとえば、小松菜に似たパッカナーがキロ六バーツだという。これを、市場側は十バーツで売りさばく。そこでラーは、収穫した野菜の直接行商を始めた。といっても、半キロずつに小分けした野菜を竹ひごで縛って大きなビニール袋に詰め、近隣の親戚や友人・知人宅に押し掛けて半ば強引に押しつけるのだから、ほとんど押し売りである。それでも、村の衆はゆがいた野菜をよく食べるから、これは意外に売れた。だが、哀しいかな、キロ十バーツの世界である。村じゅうを歩き回っても、一日百〜二百バーツがせいぜいだ。それも、毎日というわけにはいかない。そのうちに三〜四月の乾暑季が来て野菜が枯れ始め、この押し売り行商も短期間で幕を引くこととなった。

「儲からんなあ」

「でも暑くなってきたから、いよいよナマズが飼えるね。マイペンラーイ」

ラーは、めげる様子もない。そうだった。豚が駄目なら、ナマズがあったのである。暑いチェンマイ周辺なら一年中飼えるらしいが、山の中のオムコイには冬季があり、早朝には気温が五度近くまで下がることがある。そうなると、ナマズは餌を喰わない。そこで、暑くなるまでじっと待っていたのだった。

「でも、稚魚はどこで手に入れるんだ?」

「そのうちに誰かが村に売りにくるから、先に池を作って待ってればいいんだよ」

ふーん、そんなもんか。そこで、野菜畑開墾に鍬をふるったドラッグ軍団に再び声をかけて、養殖池を掘ることにした。長姉夫婦は養殖の経験もあるというから、義兄に陣頭指揮をとってもらう。彼を同行して、池底に敷くビニールシートの注文も済ませた。二日がかりで掘ったのは、四メートル四方、深さ八十センチほどの小さなものだ。これで試してみて、うまくいったらさらに掘り増すという作戦である。ところが、町の荒物屋がチェンマイから取り寄せてくれたシートは、幅が二メートルしかない。あらら。

やむなく、三枚をずらし重ねてビニールテープでつなぎ水を溜めてみたが、もちろん翌朝にはすっかり抜けてしまっている。しかし、ここで怒ったり慌てたりしては、タイでは小物とみなされてしまう。

「なんだよ、お義兄《にい》ちゃん。ナマズ養殖に詳しいなんて、話が全然違うじゃないか」

そう愚痴りたいところをぐっと堪《こら》え、にっこりと微笑みつつ軍団を再動員した。幅狭のビニールシートを活かすべく、中央部分を埋め立てて双子池に造り替えることにしたのである。

池が完成したところで、まるで申し合わせたようにナマズ売り屋がわが村に巡回販売にやってきた。確かに、ラーの言うとおりである。なんという不思議な国なのだろう。

「プラードゥック（ナマズ）はいらんか〜い！」

スピーカー越しのだみ声を耳にした途端、わが嫁はチェンマイナンバーのピックアップトラックに脇目もふらず突進し、荷台に置かれた水槽の蓋を次々に開けて、ひときわ活きの良い稚魚群に目を付けた。

「クンター、稚魚一尾二バーツだって。六百尾買うなら、千バーツに負けるそうだよ」

「六百尾って、初めて飼うにしちゃ多すぎやしないか。何かあって全滅したらどうする？」

「全滅するかどうかは、飼ってみなきゃ分からない。うまくいけば、四ヶ月後には市場に売りに出せるんだよ」

養豚で赤字を出してしまった私は、「売りに出す」という言葉にすこぶる弱くなっている。まあ、たとえ全滅しても千バーツなら首をくくることもないだろう。さっそく、ナマズ売り屋をバナナ園まで導き、双子池に三百尾ずつの稚魚を放した。

「赤ちゃんたち、元気に育つんだよ」

池の底を元気よく泳ぎ回る稚魚の姿を目で追いながら、ラーがうっとりとした顔をしている。彼女にとっては、飼い犬はもとより牛も黒豚も鶏もナマズでさえも赤ちゃんで、餌をやるときには本当に赤ちゃんに語りかけるようになにやら怪しいカレン語を囁きかけるのである。しかしながら、黒いビニールシートに覆われた池の隅を必死に這い上がろうとうごめく茶色の塊は、私にとってオムコイ生き残りを賭けたビジネスツールにすぎない。

「あんまり餌を喰わずに、可及的かつ速やかに大きくなれよ。市場の買い値は、キロ五十バーツだからな」

資本主義の市場原理を、冷酷に言い含めた。

養豚と違って、ナマズの飼育は実に簡単である。朝夕二回、市販の餌を与えるだけだ。残飯でもいいのだが、わが家には二匹の飼い犬がおり、特に雄の雄太が成長するにつれて残飯はまったく出なくなってしまった。餌代は、豚の餌と同様一袋五百バーツに値上がったのだが、稚魚のうちは一月一袋で済むから、豚よりもはるかに経済的だ。

茶色い粒状の餌が水面に落ちると同時に、水を泡立てながらバシャバシャと浮上してきては髭のはえた大口を開いて餌を呑み込み、また底へと戻っていく。その動作を律儀に何度も何度も繰り返す稚魚の姿は、実に愛らしい。ところが、日が経つにつれて、どうもその泡立つ数が徐々に減っていくような気がしてきた。共食いで傷ついた死骸もときどき水面に浮いてはいるのだけれど、その数は知れている。

「誰かが盗んでいるに違いない」

ジャイローンのラーが、さっそく決めつける。

「クンター、親戚の誰かに猟銃を持たせて泊まり込みの番をしてもらおうよ。警官の友だちに聞いたんだけど、無断で人の土地に侵入して盗みを働いた者を撃ち殺しても、罪にはならないんだって」

「おいおい、ナマズ泥棒を撃ち殺すのか?」

「別に殺すつもりはなくても、夜だと見えにくいから死ぬこともあるでしょ。とにかく、人が苦労して育てているナマズを盗むなんて許せない」

その当人は、長姉と喧嘩した腹いせに、甥っ子、従兄らを引き連れて夜のバナナ園に忍び込み、姉が育てている鶏を盗んでは鍋にしているのだから世話はない。もっとも、姉の方もその報復にわが家のナマズを公然と盗み返すのだから、まあ、これはある種のレクリエーションのようなものだ。もちろん、姉の盗む量などたかが知れている。

念のため池のナマズを網ですくって勘定してみると、すでに二十センチほどの大きさに成長したその総計は三百尾足らず。死んだ数と姉に盗まれた分を差し引いても、半数近くが姿を消したことになる。レクリエーション以外の第三者による大量の盗みは、やはり困る。かといって、見張り番が何かのはずみでナマズ泥棒を撃ち殺すというのも寝覚めが悪い。なにせ、ラーが見張り番候補にあげているのは、親戚の中でも一番血の気の多い男なのだ。

考えた末、口うるさい長姉から逃れ毎夜バナナ園の作業小屋に寝泊まりしている義兄に、わが家のナマズ池まで足を延ばして夜中の巡回をしてもらうことになった。もっとも、この義兄、ラーが鶏を盗むときはいつも焼酎で酔わせて口をつぐんでもらっているくらいだから、あんまり頼りにはならない。それを承知のうえでの妥協案なのである。

つまり、この時点で私はビジネスとしてのナマズ養殖にひそかに見切りをつけたのだった。こんな物騒な土地柄で、今後いくら養殖池を増やしていっても、結果は同じことになるだろう。警備を厳重にしたとしても、盗みがあるたびに人の血が流れないか心配していたら、こちらの身がもたない。

では、どうするか？

自分たちで喰っちまえばいいのである。これも、自給自足の一環には違いない。試しに、腹を割いて内臓を出し、串刺しにしてバーベキューにしてみた。白身は淡白で臭みもなく、日本製醤油を垂らすと実に香ばしい。これは、意外だった。ところが、これが三十センチ、四十センチとだんだん大きくなるにつれて、だんだん脂臭くなってくる。餌代もかさむようになり、なんだか馬鹿馬鹿しくなってきた。

「ラー、そろそろ売っちまおうか？」

「そうだね、このままだと餌代を払うために飼っているような気分だもん」

まずは、鼻につくようになった脂臭さをとるために、餌やりを二日間中止した……つもりだったが、バナナ園に泊まり込んだ義兄が勘違いしたようで、たらいにすくいあげたナマズたちは盛大に餌を吐き出している。確認すると、餌をやったのは今朝だけだというから、まあ問題はないだろう。マイペンライ。

たらいの中から、三十センチを超えたナマズを選び出す。これを二つの飼料袋に詰めて、近くの市場に持ち込んだ。持ち込み業者とでもみなしているのか、中国系タイ人である女主人の態度はきわめて横柄である。オムコイで大きな商売をしているのはたいてい中国系で、そろって愛想がない。

「売り値がキロ六十バーツだから、買い取りは五十バーツだね」

木で鼻をくくったような言い方だ。あとで分かったことだが、彼らの売り値は七十バーツだった。試しに、大きな方の袋を秤に載せると十二キロあった。六百バーツである。

「クンター、とりあえずこれは市場に売って、残りは村の人たちに直接六十バーツで売ってみようと思うんだけど、それでいい？」

「ああ、やってみればいいさ」

家に戻ると、ラーがさっそく「ナマズはいらんか〜い！」と大声を張りあげる。すぐに、向かいの副村長の女房と隣家の太っちょ氏が飛び出してきて、たらいの中を覗き込む。

「ああ、よく太ってるね。いくら？」

「キロ六十バーツ」

「ほう、市場よりも安いね。じゃあ、一キロもらおうか」

「ウチも一キロ」

ビニール袋に入れて秤に載せると、三尾でだいたい一キロである。あとは通りがかりの人に手当たり次第に声をかけ、友人・知人に電話をかけまくる。瞬く間に予約が入り、六キロが売り切れた。たらいの中には、六尾が残るのみ。全部売り切れば、合計八キロで四百八十バーツ。市場に売った分も合わせれば、千八十バーツの売り上げである。初めてのナマズ売りにしては、上々の出来ではあるまいか。

池に残ったナマズが四十センチを超えるのを待って、再び出撃した。前回、売れ残ったナマズを引き取ってくれたオボートー（地区行政事務所）に売り込みに走り、キロ六十五バーツで交渉成立。十七キロ、千百五バーツのお買い上げである。その一週間後にも、オボートーから声がかかった。巨大な池に移された総計三十キロのわが家のナマズたちは、来年のソンクラーン（伝統正月）に無料で村人たちに供されるらしい。

すべてを売り尽くしたあとで、ラーが私に千バーツを上納してくれた。なんだか、テキ屋の親分になったようでいい気分だ。むろん、餌代を計算すれば大赤字だが、それはそれ、これはこれである。残した十尾はお別れにわが家で賞味することにし、ジョーの提案でラープ（叩き）をつくることにした。

まずは、ハラワタとエラを取り、熾火《おきび》で網焼きにする。次に頭を落とし、皮を剥ぎ、白身をほぐしながら骨を抜く。頭は、数種類の薬草や野菜と一緒に煮込んでスープにする。ほぐした白身は、調理用蛮刀でひたすら叩いていく。時おり、庭から採ってきた薬草や香草、ネギなどを混ぜ込み、さらに叩く、叩く、叩く。最後に、ニンニクや唐辛子などを小臼で搗《つ》いた薬味を練り込み、両手で入念に揉みあげて出来上がりだ。やることは至極単純だが、なにせ叩くのに時間がかかり、調理時間は一時間半にも及んだ。

口に含むと、ペースト状になった白身がねっとりと舌に絡みついてくる。香草の香りが強く、生臭さはまったく感じられない。数日間餌やりをやめていたので、脂臭さもない。はんなりとした、上品な味である。つまり、ナマズを喰っているという感じがしないのである。

では、この初体験の味をどう喩《たと》えればいいのだろう。豚でもない、水牛でもない、鶏でも野鳥でもなく、蛇でもカエルでも、トカゲでもムササビでも、野ネズミでもキョン（小型の鹿）でも、そして、もちろん養殖魚のプラーニンでもない。目を閉じて、何度も舌の上で転がしながら、この村で食してきた数々の生き物の味を甦らせてみたのであるが、結局は首をひねったままで終わった。

「ラー、このラープ、本当に珍しい味になったなあ。どう説明していいか分からないよ」

「だったらクンター、自分でこの料理の名前を考えてみたら」

うーん。これは、難しい宿題だ。

とりあえず頭に浮かんだのは、〝叩きあげナマズの成り上がりラップ♪〟。

イエイ!

ところで、バナナ園を舞台にした珍商売について書きながら、肝心のバナナについて触れないのは手抜かりというものだろう。三ライ（約四千八百平方メートル）に満たない傾斜地には、大小百本ほどのバナナ、十本ほどのコーヒー、五本ほどのマンゴー、それに三本のパパイヤの木が植わっている。マンゴーやパパイヤはともかく、コーヒーというのはなんだと首をひねっていたら、数年前に「絶対儲かる」と人に勧められた義兄が試しに植えてみたのだそうな。しかし、実はついたもののそれから先どうしていいのかが分からないので、そのまま放ったらかしているのだという。

確かに、チェンマイやチェンライなど北タイの山間部では、芥子の代替作物としてのコーヒー栽培が「王室プロジェクト」の一環として奨励されており、成功事例も多いようだ。だが、そこにはちゃんとした指導者がいて、植え付けから収穫、販売ルートの開拓まで面倒を見てくれると聞いた。

おそらく、その噂を小耳に挟んだ誰かが人のいい義兄を焚きつけたのだろうが、オムコイ周辺でのコーヒー栽培プロジェクトというのは聞いたことがない。後先も考えずに試してみるフロンティア精神は高く評価するものの、そのあとがいかにもタイ人である。

だが、人のことなどとやかく言えない。半年ほどはそれなりにバナナの収穫があって自家消費には不自由しなかったのであるが、それ以降ばったり実をつけなくなったのである。それどころか、実をつけたあとの幹が根から腐って、バタバタと倒れてゆく。

「ラー、これは一体どうしたことだ？」

「うーん、分からない。乾季だから、水やりしなくちゃいけないのかな」

その会話を小耳に挟んだ甥っ子のジョーが、呆れたように言う。

「ここのバナナは十年くらい前に植えられたから、もう寿命なんです。全部抜き取って、脇から出ている若芽を植え付けないと実はつきませんよ」

それならそうと、なんで早く教えてくれないんだ。またまた怒りは長姉夫婦に向かうのだが、なにせナマズ池用ビニールシートの注文ミスがあり、途中で放り出したコーヒー栽培の件があり、なによりも彼ら自身のバナナも次々と倒壊しているのである。怒ったところで、怒り甲斐もない。養豚とナマズ養殖で赤字を出し、野菜の売り上げも雀の涙、バナナも実らないとなると、この土地を買った意味がまったくないではないか。

むろん、タイの暑さにすっかり脳天が緩んでしまっているわれわれといえども、ただ黙って手をこまねいているばかりではない。将来のリゾートハウス構想に備え、茅葺《かやぶ》き、割竹壁・床の簡素な高床式作業小屋を建てて、そこに寝泊まりもしてみた。その結果、昼間は豚舎からの匂いと大量の蠅《はえ》に悩まされ、夜には服の上から突き刺してくる巨大な蚊の群れに襲われ、そのうちに引かれるはずだと聞かされていた電線は一向に引かれる様子もなく、この構想も現時点ではあえなく崩れ去ったのだった。

それにしても、当初の思惑とは異なり、この村で「喰っていく」ということは、なんと難儀なのだろう。それなのに、どたばたあたふたしている私たちに較べるとまったくのほほんと暮らしているように見える村の衆は、慌てず騒がず、飢えることもなく確実に「喰って」いる。この惑いをラーにぶつければ、「みんなは、川や山で食料をとってくるから」と言うのであるが、それはわが家も同じである。それならば、現金収入はどうやって得ているのだ?

まるで狐につままれたような思いで、朝夕になれば相も変わらず近隣の台所から盛大に立ち昇る炊煙を、呆然と眺めるばかりである。肩を落としがちになった私の姿を見かねたのか、ラーがそっと囁きかける。

「クンター、奥の手がないこともないいんだよ」

「なーんだ、それなら早く言えよ」

「阿片やヤーバーを売れば、がっぽり儲かる」

こ、こらあ！

第七章　サバイバル戦略迷走す

絵に描いた餅のごとく、わがビジネス構想が次々に瓦解してゆくなか、頼りは甥っ子のサーンに開かせた修理工場である。

ところがこの男、職人肌で社交性がなく、客が来ても青白い顔の眉根をしかめたままニコリともしない。新婚の妻が分校教師をしている関係で、同僚などはよく利用してくれるらしいが、いつまで経ってもそれ以外の客を開拓することができないのだ。もちろん、ラーは持ち前の強引さで友人・知人を引っ張ってくるのではあるけれども、彼らのクルマやバイクがこちらの期待どおりに毎日故障してくれるわけでもない。

さらに、この町や村では月末の一括ツケ払いが習慣化しており、期待した日銭が全然入ってこないのである。さらにさらに、必要な部品などはすべてチェンマイからの取り寄せになるので運送費が上乗せになり、経費がかかって仕方がないという驚愕の事実まで発覚した。つまり、いつになったら投資が回収できるのか、まったく目処《めど》が立たないのである。

こうなると、頼りになりそうな持ち駒は徐々に買い足してきた牛だけ、ということになる。年金代わり、保険代わりなどという悠長な考えはやめて、今後は即戦力として位置づけねばなるまい。

「よし、牛の数をもっと殖やして高値のときにすぐに売れるような態勢をつくろう」

放し飼いによるもらい妊娠が続いて、順調に頭数を殖やしてはいる。だが、それはあくまで偶然の賜物《たまもの》であり、なかには気が強くて雄を寄せ付けずまだ一度も孕《はら》んだことのない雌牛もいるのだ。そこで、どんな雌牛でもねじ伏せてしまう強い雄牛にハーレムを統治させて、妊娠の密度を高めようという作戦である。甥っ子ジョーが、さっそく雄牛探しに走った。

実は、初めて牛を飼おうという話がもちあがったとき、私は水牛の方がいいのではないかと思った。理由は、タイらしいから。それに、私が好んで聴く社会派ロックグループ「カラバオ」のトレードマークも水牛の角ではないか。カラバオとはフィリピン語で水牛のことで、主要メンバーがフィリピンに留学していたために、この名をつけたという。なによりも、牛より高い値段がつく。

ところが、牛の世話を担当することになったジョーは、頑として首を縦に振らなかった。理由は、危険だから。自分も怖いし、私やラーをそばに近づけるのはもっと怖いというのである。村では水牛が数多く飼われており、道端で盛大に糞を垂れたり草を食《は》んだりする姿などは実にのんびりしたものだ。ただ、私も一度だけ山の中で凄まじい暴走を見たことがあり、これを制御するのは並大抵のことではないと分かってから、水牛のことはきっぱりと諦めることにしたのだった。

数日後。普段はあまり表情を変えないジョーが、興奮した様子で家に飛び込んできた。

「クンターが近づいても暴れない雄牛が、やっと見つかりました！」

心優しい彼は、いつでも私のことを最優先に考えてくれる。しかし、私が触っても暴れないようなおとなしい雄牛などに、果たして十頭を超す子持ちハーレムが統治できるものだろうか。

久しぶりに川を渡り、山を歩いた。つい先日生まれたばかりの赤ん坊牛の様子を見るついでに、ジョーが見つけてきた雄牛を検分に行こうというのである。このところ、町での商売のことばかり考えて、牛のことはすっかりジョーに任せっきりになっていたのだ。彼の先導で涼やかな風の吹く気持ちのいい草原を上っていくと、丈高い草の向こうに茶色の小さな塊が見えてきた。

「あれかな?」

声をかけると、ジョーが嬉しそうにうなずいた。気配を感じたのか、母親が警戒して体の陰に赤ん坊を隠そうとする。距離をおいて遠回りすると、やっと愛らしい姿が現れた。牛の仔というよりも、なんだかバンビみたいである。産み落とされてから、五日。すでに足下もしっかりして、こちらをじっと眺める顔つきがなかなかいい。額には、白い星のような印がある。名前は、翔太に決めた。

少し離れたところでは、十ヶ月ほど前に生まれた龍馬が草を食んでいる。牛を飼い始めたとき、とりあえず雌牛だけを揃えた。龍馬はその中で生まれた唯一の雄牛だったので、女性陣にいびられていじけはしないかと心配していたのだが、しばらく見ないうちにずいぶんとたくましくなったものだ。母牛を誘惑したのは北タイ牛の色男だったようで、すでに首の後ろに独特の黒い瘤《こぶ》が盛り上がっている。

「五年もしたら、立派な雄牛になって高い値段がつきますよ」

「俺は、こいつに早く子供を作ってほしいんだけどなあ」

「……それは、まだちょっと無理です」

ジョーが、困ったような顔をする。

翔太と龍馬に別れを告げて、もうひとつ小さな山を越した。緑濃い田んぼの中の作業小屋の床下

（高床である）で、そのハーレム王候補はむしゃむしゃと草を食んでいる。白い体毛で丸々と太り、なかなかいい体格だが、背中に瘤はないし顔もまだ幼い。顔立ちが、なんとなくクレヨンしんちゃんに似ている。これに較べると、隣にいる黒毛の方が格段とたくましそうに見えた。

「ジョー、黒毛の方がいいんじゃないか？」

「クンター、この白毛はまだ二歳だけど黒毛はもう四歳なんですよ。でも、白毛の方が背は高いし、足腰もしっかりしているから、こっちの方がずっと大きくなります。それに、黒毛はすぐに角を突き立てるのに、白毛はとってもおとなしいんです。ほら、触ってみてください」

怖々腰のあたりに手を延ばしてみると、確かにピクリともせず平然と餌を食べ続けている。満腹になるとこちらに顔を向け、「あんた、誰？」とでもいう風に私の顔をしげしげと覗き込んだ。鼻面を撫でても、警戒する素振りすら見せない。この落ち着きのある雄牛がハーレムのリーダーになれば、気の強い雌牛のコントロールも容易になるかもしれない。

「でも、強いかな？」

「はい、強くしてみせます」

「よし、これに決めよう」

五千バーツなら、いい買い物だ。将来の売り値は、その三倍近くが期待できるらしい。名前は、ハーレムキングでどうだ？

翌朝、飯を喰っているところへ従兄のベッがやってきた。久しぶりに怖い女房のそばに戻ってきたからか、今朝もすでに酔っている。私は相手にせず、テレビの英語ニュースを聞いていたのだが、しばらく彼と話をしていたラーが「クンター、ちょっと時間ある?」と声をかけてきた。

「あのね、ウチの牛たち、今は彼の土地に寝場所を作らせてもらっているでしょう?」

「彼の親爺さん(長老)の土地じゃなかったっけ」

「うん、あたしもそう思ってたんだけど、叔父が彼に土地を譲って名義も彼のものに替えてくれたらしいの」

「ふーん」

「それでね、少しまとまったお金が必要になったから、その土地の一部を買い取ってくれないかと言うのよ」

私たちが雄牛を買ったという噂を、さっそく聞きつけたらしい。村の牛は基本的に放し飼いだが、夜の寝場所だけは安全な区域に確保しないと盗難や雷鳴による暴走のおそれがある。たいていは、田んぼの一画を寝場所にするのだけれど、私たちはまだ田んぼを持っておらず、伝手《つて》を頼ってあちこちの土地に牛を居候させてもらってきた。

ここ数ヶ月は、長老の土地に小さな雨除け小屋を建てさせてもらっていたのであるが、やはりいろいろと不都合が出てくる。いちいち私に報告はしないが、ラーの耳には時おり「お前んちの牛がウチの田んぼに入り込んだ」だの「餌を横取りした」だのという苦情も入ってくるらしい。先月には、田植えの準備中のところに一頭が踏み込んで荒らしてしまい、百バーツの弁償金を請求されたばかりだ。

「新しく雄牛も買ったことだし、今は三頭のおなかにも赤ちゃんがいるでしょ。生まれたら大所帯になるし、そろそろ牛たちにも落ち着ける寝場所を確保してあげた方がいいんじゃないかと思うんだけど」

確かに、牛たちの寝場所はこの二年半あまりの懸案事項のひとつだった。そこで、その一画を牛の寝場所にできるような田んぼを探していたのであるが、前にも書いたようになかなか適当な物件が見つからない。そうこうしている内に、落雷に驚いた牛の失踪騒ぎが二度も起きてしまい、そろそろ本腰を入れて寝場所を確保せねばと考えていたところだったのである。雄牛を買ったばかりの今が、その好機かもしれない。

彼が売りたがっている土地は火葬場のそばにあり、バナナ園とほぼ同じ三ライ（約四千八百平方メートル）の広さがあるという。山裾を横に貫く作業用道路にも近く、バイクもそこに停められるので移動の負担も軽くなるようだ。

「よし。じゃあ、これからその土地を見に行ってみるか」

酔ったベッが、ホッとしたようにだらしなく笑う。

「それにしても、土地を売りたい、牛を売りたい、金を借りたいと言ってくる連中は、どうしていつも酔っぱらってるんだろう？　金の絡む話は、素面《しらふ》ですべきだと思うんだがな」

これまでに何度も田んぼを買う機会を逸してきたのは、仲介者や売り主がいつも酔っぱらっており、どこまで信用していいか分からないという事情もあったのである。

「うーん、それはね、あたしもそうなんだけど、村の人たちはお金の話をするのが恥ずかしいからなんだよ」

ハッとした。私が子供のころにはまだ、日本人の心にも「あからさまに金銭の話をするのは卑しいことだ」という慎みが残っていたことを思い出したからだ。それが右肩上がりの高度経済成長を経て完全に忘れ去られ、ついにはバブルという名の拝金主義に踊り狂うまでに至ってしまった。そして、その後遺症は今なお尾を引いている。

「なるほどなあ、そういうことだったのか」

「でもね、彼の場合は素面のときはキーニョウ（けちん坊）だけど、酔っぱらうとすごく太っ腹になるの。今は三万バーツで売りたいって言ってるけど、もう少し飲ませれば値下げしてくれるかもしれないよ。よし、あたし、ちょっと焼酎を買ってくるね」

また、焼酎か。飲まずにはいられない慎ましさには敬意を表したいが、これを値段交渉に悪用するのはいかがなものか。とはいえ、ラーは以前、家の建て替え用材木を買うときにこの手で大幅な値下げを勝ち取ったことがあり、ここは黙って成り行きを見守ることにした。かくいう私も、バブル経済をくぐってきた強欲な日本人のひとりには違いない。

だが、この作戦は完全な失敗だった。彼はひたすら焼酎を飲み続け、ラーとしきりに昔話を交わしている。一時間、二時間、三時間。そのうちに、激しい雨が降りだした。飲みすぎたベッは、ついに立ち上がれなくなってしまった。

「おいおい、これは慎みというよりも、単に酒にだらしないだけなのではないのか?」

「そうだね、もうお金のことなんかすっかり忘れてしまったみたい」

「………」

四日目の昼。少し晴れ間が出たので、牛の寝場所になる土地を見に行くことにした。聞いていたとおり、確かに道が悪い。舗装道路から山を横切る細道に入ると、深い窪みやぬかるみの連続である。オボートー(地区行政事務所)の黄色いブルドーザーが土を入れていたが、まわりはすべて赤土なのでかえって滑りやすくなっている。途中でラーをバイクの尻から降ろし、なんとかベッの作業小屋までたどりついた。

ちょうど田植えの時期で、昼食を終えた手伝いの衆が焼酎を飲んだり、マンゴーをかじったりしている。さっそく、自家製のどぶろくを供されたが、これは米焼酎と違って口当たりが柔らかくワインを飲んでいるような感覚である。そのうちに、また雲行きが怪しくなってきた。早く背後に広がる土地を見て歩きたいのであるが、ラーが例の作戦遂行のために焼酎を持参したので、献杯に付き合わざるを得ない。ぐい呑みをやり取りしているうちに、竹の子スープと豚肉、野菜を煮込んだ辛いお粥《かゆ》が供されて、昼飯は済ませてきたというのに無理矢理喰わされる羽目になってしまった。

このあたり、ひと昔前の日本の農村での歓待風景そのままである。

ベッが巻いてくれた葉煙草を一服し、「さて、いよいよ」という段になって、ひと足先に田植え作業に戻っていた彼の女房から声がかかった。取水口の泥が崩れたらしい。ベッが駆けつけていき、作業をしながらなにやら大声で叫ぶ。

「みんなに飲ませたいから、焼酎を持ってきてくれって」

またまた、焼酎である。焼酎を詰めたビール瓶を手に畦道《あぜみち》を歩いていったラーが、なかなか戻ってこない。ついに、小雨も降り出した。

……こりゃまた、前回の繰り返しかな。

やむなく、作業小屋のハンモックに横たわって、霧雨の向こうに広がる田植えの風景をぼんやりと眺める。民族衣装の色鮮やかな筒着と巻きスカートをまとった女たちが、あるものは長靴、あるものは裸足で、それぞれに雨除けの菅笠《すげがさ》や麦藁《むぎわら》帽子、ビニールなどをかぶり、一斉に横並びになって苗を植え付けていく様は、何だかとても懐かしい。手伝いたいが、腰痛持ちの私の遅い作業はかえって邪魔になるだけだ。

ようやく畦道を戻ってきたラーが、田んぼの端っこから両手を交差させながら大きく振った。

「クンター、今日は二万二千五百バーツでいいって言い出したよ！ 最初は三万バーツ、昨日は二万五千バーツ、そして、今日はついに五ライの土地が二万二千五百バーツになりました！」

自慢気に叫んでいる。焼酎の効果はテキメンだったようだ。しかも以前は三ライだと言っていたのに、今日は五ライだという。なんだか、訳がわからない。

「ラー、とにかく彼を連れてこい。実際に見てみないと話にならないぞ」

長靴を履き直して作業小屋の後ろに立つと、雲のかかった低い山を頂点にしてなだらかな草原が広がっている。隣地では数頭の牛が草を食み、まるで絵のようなのどかな光景だ。振り返ると、棚田の連なりの向こう側にわが村の全景が広がっている。ほろ酔いのベッが、足下を少しふらつかせながら先に立ってその草原を上りだす。

「クンター、ここが隣地との境界です。隣地の所有者は元村長の娘、学校の女先生ですよ」

「ああ、この間亡くなった爺さんの孫娘か」

彼が空に昇った野焼き場は、この山の裏手にあたる。

「いいでしょう？　草がいっぱいで、牛を飼うにはもってこいですよ」

「そうだな」

「ほら、ここからだと村がきれいに見えるでしょう？　サバーイ（気分がいい）だし、サヌーク（楽しい）ですよ」

売り込みも、しっかり忘れない。雑木林の手前にある境界線に達し、こんどは横への移動である。なるほど、一番高いところから眺めると、人間臭い喜怒哀楽に満ちた村の様子が、霧雨のせいもあって幻想的な桃源郷に見えないこともない。ラーが、焼酎臭い息を吹きかけて私のそばに立った。

「どう、広くて素敵でしょう？　全部で十ライあるから、その半分の五ライを、しかもクンターの気に入った方を二万二千五百バーツで譲ってくれるって。これは、安い買い物だよ」

「でも、彼は今、歩きながら四ライだと言ったぞ」

「んもおー、あいつは数字のことはからっきしなんだから。でも、しっかり者のお嫁さんが五ライだと言ってるし、登記証もあるから間違いないよ。で、どっち側の半分がいい？　あたしは、作業小屋のある向こう側の方が気に入っているんだけど」

改めて全体を眺め回してみると、確かに、最初に上りだした半分の方が傾斜も緩く、牛の寝場所を作るには適しているようだ。朽ち木や倒木も多く、これらは柵や薪に転用できる。

「よし、向こう側の半分にしよう。ちょうど、真ん中あたりにリンジー（ライチー）の木があるから、いい目印になるしな」

そう告げると、ベッが「オーケー、マイペンライ」と右手の親指を突き出した。作業小屋に戻ると、ラーが「じゃあ、お金を払ってあげて」と言う。

「ここでか？」

「うん、今すぐにお金が欲しいんだって」

「もちろん金は用意してあるけど、俺たちはまだ登記証も見てないんだぞ」

「大丈夫だよ。彼が登記証を持っていることは、みんなが知っているんだから」

「あのなあ、みんなが知っていても、俺たちはまだ見てないの。今夜家に戻って、登記証を確認したら全額払うからって彼に伝えてくれよ」

ラーが通訳すると、ベッの顔色と語調が変わった。

「あのね、今日お金を払うっていうから思い切って値下げしたのに、払わないなら売りたくない。これがカレン族のやり方なんだから、信頼できないんだったらこの話はなかったことにするって。欲しいのか、欲しくないのか、ハッキリしてくれって言ってるよ」

カチンときた。これまで村の衆とは絶対に諍《いさか》いをしないよう心がけてきたのであるが、すべてを黙って受け入れるという時期は、すでに過ぎている。ここいらで、日本人としての旗幟《きし》を鮮明にすることは、これからの村の暮らし、とりわけ金銭がらみの問題に対処していくうえで欠かせない。村の暮らしや風習を無我夢中で呑み込み、消化しようと努めてきたこれまでの時間が、受け身一方だった私の立ち位置を、徐々に変えてくれたのかもしれなかった。

「だから、登記証を見たら今日払うって言ってるだろう。今夜も今日のうちなんだ。何がカレン族のやり方だ。あんたの弟は、すぐに返すって言って借りた千バーツを半年経った今も返しに来ないどころか挨拶にすら来ないいんだぞ。それが、誇り高いカレン族のやり方なのか？　俺は今まで、一度だってあんたたちに嘘をついたことなんかないぞ。そっちこそ、どうするんだ」

途端にうつむいて、「夜まで待ちます」とうなずいた。だが、家に戻り晩飯を喰い終わっても、彼はなかなかやってこない。待ち疲れて炉端で居眠りを始めたラーの尻を叩いて、二軒隣の彼の家に乗り込んだ。前隣に住む彼の姉が、「山の作業小屋からまだ戻ってこないし、家には誰もいない」と言う。呆れていると、そこへ熱を出した子どもを病院に連れて行っていたという女房が戻ってきた。彼女は、酔っぱらってなかなか田植えをしないベッを何度も叱りつけていたしっかり者だ。べろべろになった彼を、家から叩き出す姿もよく見かける。ラーが話をすると、書類綴りから二枚の新しい登記証を取り出した。一枚には八ライとあり、もう一枚には十ライとある。

「八ライならわれわれの取り分は四ライだし、十ライなら五ライになる。それを彼女に確認してくれ」

そう言うと、「八ライは田んぼで、十ライは山だ」という返事。図面の形状からも、それは間違いないようだ。

「じゃあ、彼女にお金を渡してあげて」

「おいおい、旦那じゃなくていいのか?」

「あいつは作業小屋で、もう寝てるって。ここのボスは彼女だから、マイミーバンハー(問題ないよ)」

やれやれ。初めっから彼抜きで話を進めていれば、長々と焼酎に付き合うことも、「旗幟を鮮明にする」などと肩肘を張ることもなかっただろうに。だが、彼がラーの作戦どおりに酔っぱらってくれたおかげで、五ライの牧場用地をかなり安く手に入れることができた。あとは、ハーレムキングを頂点とする〝産めよ殖やせよ作戦〟を遂行すればいい。

その翌日、バナナ畑に朝食用の野菜を摘みに行ったはずのラーが、二羽の鶏を胸に抱いて戻ってきた。

「それ、どうしたんだ?」

「牛の寝場所が手に入ったお祝いに、鶏鍋をつくることにしたの。二羽で百八十バーツ。安いでしょ」

そのとき、全身に雷《いかずち》のような衝撃が走り、割れ鐘のような轟音と共に天の声を聞いた。というのは真っ赤な嘘だが、ふと閃いたのである。

「ちょっと、待てよ。牛を殖やすついでに、鶏も殖やしてみたらどうだ。その二羽は、雄か雌か?」

「えーと、二羽とも雌だけど」

「よし、鶏鍋はやめにして、その二羽は生かしておこう。そして、強い雄鶏を見つけてきて卵をどんどん産ませよう」

改めて眺めてみると、その二羽は濡れたような黒羽で、近所で見かけるものよりもはるかに精悍な風貌とたくましい脚をもっている。

「ラー、この鶏は普通のとはちょっと違うな」

「そうだよ、これはカレン族が昔から飼っている地鶏とミャンマーから入ってきた闘鶏を掛け合わせたクルン(混血)なんだよ」

「ほう、じゃあ日本の軍鶏《シャモ》みたいなもんだ。でも、二羽で百八十バーツだったら、あんまり高くは売れないのかな?」

「そんなことはないよ。これはまだ若いし、親戚だから安くしてもらったけど、雄の大きいのだったら一羽二百バーツ以上で売れるらしいよ」

「そうか、いいぞ、いいぞ。よーし、カレン軍鶏をどんどん殖やしてひと稼ぎしようぜ」

鶏鍋の予定をつぶされたラーはちょっと不満そうだが、ひと稼ぎという言葉には鋭く反応した。

「分かった！　よーし、今度は強い雄鶏探しだね」

鶏を飼うのは、これが初めてではない。村で暮らし始めて半年経ったころ、ジャラケー（ワニ）という勇ましい名前をつけた雄鶏と雌鶏のつがいを飼っていたのであるが、雌鶏が隣地の草むらで卵を産んだために、ラーがすぐさま絞めて鶏鍋にしてしまったのである。

「敷地内に用意した寝籠に卵を産まない鶏は、災いをもたらすという言い伝えがある」

私に断りもなく絞めたことに抗議すると、ラーは決然と言い放ったものだ。連れ合いを失ったジャラケーはがっくりと肩を落とし（本当にそう見えた）、数日後に突然その姿を消した。

「ラー、ジャラケーはどこに行ったんだろう？　傷心の旅にでも出たのかなあ」

「まさか、誰かが盗んで食べたのに決まってるでしょ」

「…………」

それ以降、鶏を飼う気はすっかり失せてしまった。ジャラケーが明け方に床下で派手な鶏鳴をあげるので、睡眠不足に悩まされてもいたのである。だが、高値のつくカレン軍鶏を殖やせるチャンスがやってきた以上、そんなことは言っていられない。かくして、わが家のビジネス戦略は、黒豚とナマズによる短期決戦型から、牛と軍鶏による長期持久戦型へと軌道修正された。言葉を換えれば、日銭を得る道は一向に見えてこないのであった。

そこへ追い打ちをかけるように、マグニチュード最大級の激震がわが家を襲った。比喩ではなく、本当に家がぐらぐら揺れ出したのである。

私たちが住んでいる半高床式住居は、ラーの夫が急死して電力会社の社宅に住めなくなったため、町のお寺の援助を受けて十二年前に急ごしらえされたものだ。この家は、限りなく野外に近い。なにしろ、板張りの居間と寝室、割竹床の台所をぐるりと割竹壁で囲い、その上に梁《はり》を組んで灰色のスレート屋根を載せただけの簡素な造りだ。むろん、天井板などはない。

乾季に強い風が吹けば上下左右から土ぼこりが舞い込んでくるし、雨季には容赦なく雨が降り込んでくる。ヤモリ、カマキリ、巨大な蛾、巨大なキリギリス、カブトムシ、羽蟻をはじめ、あらゆる虫が出入り自由だ。おまけに、家族はもちろん訪れる村人たちはみなゴム草履、なかには裸足の人もいるのだから、足は泥だらけである。嫁や息子たちも時おり裸足で外に飛び出してはそのまま戻ってくるし、二匹の飼い犬や鶏も遠慮なく上がり込んでくる。一応、足拭き用の古タオルは置いてあるが、そんなもの、まったく役に立たない。かくして、わが家の床は掃いても掃いてもザラザラしており、迂闊《うかつ》に横になどなれないのである。

それでも、足脂で黒光りする床板はまだしっかりしているのだけれど、カレン族伝統の割竹壁には大きな隙間があき、台所の割竹床は用心しないと踏み抜きそうになる。ことに、家全体を支える十三本の柱の劣化が激しく、歩くたびに家全体がゆらゆらと揺れる。まあ、丸太柱の高床式住居などこんなものだろうと気にも留めないのでいたのであるが、その揺れがある日突然、ゆらゆらという緩やかさから、ぐらぐら、がたがたという激震に変わったのだからさすがに驚いた。

そういえば、このところ柱や壁に蟻が行列を成している。そこで、柱の根元を掘り起こしてみると、土中に蟻の巣ができており、数本の根元がボロボロに喰われていることが判明したのだった。

「そのうちに、家が倒れてしまうんじゃない？」

ラーが震えあがったのも、無理はない。

結婚直後から、ラーは家の建て替えを望んできた。

「豊かな日本で暮らしていたクンターに、こんなボロ家に住んでもらうなんて申し訳ない。雨漏りはするわ、柱からは虫喰いの白い粉が降ってくるわ、トイレもひどいわ、病気にならないか心配だ」

と言うのである。かつての少年時代、剥《む》き出しの尻に跳ねが返ってくるような汲み取り式トイレを体験している私などは、むしろ、この粗末な家での昔ながらの不便な暮らしが気に入ってすぐに順応したのであるけれども、ラーの方は村の数人のモーピー（霊医・霊占師）から「亡夫のピーが憑いて災いをもたらす」と宣告されたこの古い家を取り壊し、気分を一新したいという想いが強かったようだ。

確かに、一時期のラーは夜な夜な亡夫が彼女の手を取ってどこかへ強引に連れ去ろうとする悪夢に悩まされ、原因不明の激しい頭痛を訴えることが多かった。その恐怖から逃れようと朝から焼酎をあおって酔いつぶれたり、まるで悪霊に取り憑かれたかのように訳の分からない悪態をついたりすることもあった。ひどい時には、蛮刀まで振り回す。

これをかいくぐって殴り倒すわけにもいかないから、こちらはやり場のない憤怒を抱えたまま家を飛び出すことになる。これが、初期における私の数度の家出につながったのである。とはいっても、当時はクルマもなく、哀しいかな、避難する場所は村で唯一英語を話すゴン夫妻が営む「オムコイ・リゾート」くらいしかない。当然のごとくすぐに発見され、息子のポーが引き連れてきた親戚連中の懇願に負けて数日で家に連れ戻される。正気に戻ったラーの哀訴をやむなく受け入れ、隣家のプーノイに悪霊祓いを依頼するのだが、数日後にはまた同じ悲喜劇が繰り返されることになる。

そして、そのたびに親戚連中が寄り合い、最後には結局「この家には悪霊が憑いている」という結論に達するのであった。しかし、当時の私にとってピーの存在は馬鹿馬鹿しい迷信にしかすぎず、ラーの乱行も単なる悪酔いの所産としか思えなかったのである。

そうは言うものの、これを放置しておいてはせっかくの新生活も破綻しかねない。そこで、不毛かつ情けない悪循環を断ち切るべく、建て替え用の材木を少しずつ買い溜め始めたのではあるが、タイでは森林保護のために伐採禁止令が打ち出されており、なかなか思うように事が進まない。森林警備監視隊の摘発を免れるためには、いちいち村長に届け出をしなければならず、許可が出てもそれなりの袖の下が必要だ。それに、伐採禁止以前は驚くほどの安価で良材を豊富に使えたのだが、最近では値上がりする一方である。そんなこんなで、ついつい面倒になり、またラーのピーカオ（憑依）現象がいつの間にやら治まったために、中途半端な数の材木を床下に眠らせたまま今日まで来たのであった。だが、柱の惨状を目の当たりにした以上、このまま放置することもできないようである。またまた、頭を抱える事態と相成った。

しかしながら、いくら頭を抱えても、日中の煮えるような暑さから脆弱な脳天を守り通すことはできない。それゆえ、私自身の思考形態はますます〝タイ化〟するばかりであるようだ。家の建て替え話が出てきたとき、最初に湧いてきたのは「書斎が欲しいなあ」という暢気《のんき》な想いだった。

なにしろ、わが家はうるさい。まずは、嫁の大声だ。起き出すとすぐに、陽気な鼻歌。犬や鶏や豚と戯れる際の訳のわからん掛け声（自分の造語らしい）。さらに簡単な用事やたわいもない冗談を、家に居たまま怒鳴るように交わし合う。次に、親戚、友人、知人がしょっちゅう上がり込んでくる。朝っぱらから焼酎を飲むのが当たり前なので、私が起き出す前に宴会が始まったりするのである。パソコンに向かっていると、わざわざ焼酎をぐい呑みに満たし献杯に来てくれる（頼むから、キーボードだけにはこぼさないでほしい）。これが礼儀なのだから、無下にするわけにもいかない。もちろん、ラーは一応気を遣って客人たちに「クンターは仕事中だから静かに飲んでくれ」とひと言添えるのであるが、話に夢中になると彼女の声が一番でかくなる。

夕方になると、ポーが学校から戻ってくる。学校での事件報告に、ひと騒ぎだ。晩飯どきには、再び近隣の衆が寄り集まっての宴会である。夜になると、これにテレビの音が加わる。タイではとにかく、テレビの音も音楽も大音量で聴くのが当たり前なのである。私が机に向かっていると、ポーは気を遣ってテレビのボリュームを下げるが、嫁はそれほど繊細ではない。人気番組のある日ともなれば、近隣の衆や子供たちが押し掛けてきて狭い家は黒山の人だかりとなる。そして、口々にドラマの悪役を罵《ののし》ったり、つまらないギャグに笑いさざめいたり、まったく関係のない話に盛り上がったりする。

それに隣家では、ときおり耳をつんざくようなフルボリュームの音楽が鳴り響く。「いい音楽を村中の人に聞かせたい」という親切心であるからして、これにも目をつぶり、耳を塞ぐしかない。これが祭りともなれば、役所の特設会場などに設けられたスピーカーから殺人的な音量が村中に轟きわたるのである。

最初は、頭がおかしくなりそうだった。何もかもがうるさくて、私も負けじと大音量のベートーヴェンやワーグナー(もちろん、『ワルキューレの騎行』だ)を流したこともある。このときは、さすがに村人たちも度肝を抜かれたようだ。が、慣れとは恐ろしい。そのうちに、嫁の大声もテレビの音もさほど気にならなくなり、ひっきりなしの騒音の中でこうして文章を書いたり、本を読んだりすることができるようになった。

だが、やはりそこは日本人である。たまには、静謐《せいひつ》な時間が欲しい。

では、その静けさをどうやって確保するか。家を建て替えて、たとえ書斎を持ったとしても、大声の嫁がいる限り、そして同じ場所に住む限り、この騒音とは縁が切れない。そこで思いついたのが、裏の空き地である。この土地はもともと、ラーの亡父が子供たちに遺したものだった。ところが、若いころ阿片に溺れていた長兄が阿片欲しさにわずか二千バーツで手放してしまったのだ。そのときラーはまだ幼くて、その事実さえ知らなかったという。再婚した直後、ラーは悔し涙を流しながらこの話をした。

「亡くなった父と兄の無念を晴らすためにも、なんとかこの土地を取り戻したい」

そこで、さっそく土地の所有者に話を持っていった。ところが、売り値は一万八千バーツ。昔はともかく、現在の地価としては妥当な線らしいが、これにはラーが納得しない。

「学校に行けなかった無知な兄を騙《だま》すようにしてタダ同然で買い取ったくせに、そんな値段をつけるのは卑怯だ。値段の問題じゃなく、これは心の問題だよ」

ラーは珍しく静かに怒りながら、この話を打ち切った。そして、わが家の敷地に金網をぐるりと張り巡らせて、裏の土地を完全な囲い地にしてしまったのである。それから、二年半。持ち主は、やむなく数十本のバナナを植えたが、今では手入れもされず草ぼうぼうである。

「ラー、裏の土地なあ、買っちまおうか?」

「え、どうして? だって、お金あんまりないんでしょ」

「いろいろ考えたんだけど、俺にはやっぱり文章を書くしか能がないみたいだ。だから裏庭に仕事場を作って、ひと踏ん張りしてみたいんだよ」

「ああ、それはいい考えだね。クンターはもともと本を書いていた人なんだし、その気になってくれてあたしも嬉しいよ。木や竹を伐ってしまえば、山や川が見えてとても気持ちがいいんだよ」

「向こうの言い値で買っても、お前さんは構わないのか?」

「考えたら腹が立つけど、クンターが買い戻してくれるならこんなにハッピーなことはないよ。川に下る傾斜地の方には、将来キャビン風のリゾートハウスを作ってもいいし」

「ふーん、そんなことを考えていたのか」

そこへ、まるで話を聞きつけたようにミスターOKがふらふらとやってきた。朝の八時だというのに、すでに足下が覚束《おぼつか》ない。彼は裏の土地を買い取った男の義理の兄にあたるのだそうで、ラーがさっそく話を持ちかける。酔っているので、まともな返事が返ってくるまで十分ほどかかった。

「そんな事情があったのなら、一万六千バーツでいいって言ってるよ」

「だって、彼の土地じゃないだろう」

「でも、自分が義理の弟を説得するから問題ないって」

そこで彼の顔を見ると、

「クンター、マイミーバンハー。オッケー?」

もつれた舌でそう言いながら体を前後にぐらぐら揺らし、いつものように私の腕や膝を撫で回す。こんな酔っぱらいを仲介者にして、土地売買の話など進めていいものだろうか。牧場用地の場合は相手が従兄だったからまだしも、今度の相手は因縁がらみの赤の他人なのである。

「仕様がないなあ。とにかく、一度土地の全体を見てみようか」

私はまだ、草ぼうぼうのその土地を金網のこちら側からしか眺めたことがなかった。長靴を履いて歩き回った結果、書斎として使えそうな平坦地は歩測で九十坪足らずだろうか。川へと至る傾斜地は急すぎて、案内に立ったミスターOKが何度も転げ落ちそうになる。私も立っているのがやっとで歩測などできないが、まあかなり広いことは広い。リゾートハウスはとても無理なように思えるけれど、村の衆は不可能を可能にする人々だから、早計は禁物である。一万六千バーツは、買い得かもしれない。

「一万五千バーツでどうだ?」

傾斜地を這い回ってさらに足下が怪しくなってきたミスターOKにカマをかけると、私が教えた英語で即座に「ノー!」と答えやがった。

ギリギリ端っこに書斎を建てるとしても、今の家から二十メートルほど離れる程度だから完全な静謐は望めそうもない。だが、賑やかすぎる嫁や俗世間に背を向ける形で、山と川を眺めながら読書や書きものに専念できるのはありがたい。ラーはさっそく近所を歩き回って、この買い物の良否に関する情報を集め始めた。

数日後の朝、次姉が家にやってきて珍しくラーと話し込んでいる。彼女はラーと違って一切無駄口をきかず、用件を手短に済ますとさっさと田んぼの草取りや牛の世話に出かけていくのが常なのである。どうしたのかと思ってラーの通訳を待つと、裏の土地の話だった。

「あのね、クンター。昨夜、持ち主が姉の家にやってきて一万五千バーツに値下げするって言ったんだって」

どうやら、ミスターOKにカマをかけておいたのが効を奏したようだ。しかし、あの男、一体どこまで酔っぱらっているのだろう。

「でも、なんで彼は直接ウチに来ないんだ？」

「たぶん、あたしと顔を合わせたくないからだよ。病院でも、さんざんいじめてやったからね」

そういえば、先月ラーが焼酎の飲みすぎと唐辛子の食べすぎによる胃腸炎で入院したとき、彼も大部屋のベッドに横たわっていた。ラーによれば、彼は裏の土地を買い取ってから不運続きで、家を手放したり何度も病気をしているらしい。そんな境遇の彼を冗談まじりにいびったというのだから、土地にまつわる怨みは恐ろしい。

まあ、何はともあれ、向こうが勝手に三千バーツも値下げしてくれたのだから、こちらに言うことはない。晩飯を済ませるとさっそく、甥っ子のジョーとバイクの三人乗りで彼の家に向かった。この村では、子供を含む五人乗りも珍しくないのである。

バイクを道端に停めて、草に覆われた細道を歩きだす。あたりに電灯はなく、足下がまったく見えない。勝手知ったるはずのジョーも、道を間違えたくらいだ。ふと足を止めて空を仰ぐと、月はないものの大きな星々がこぼれ落ちてきそうだ。天の川と思える光の帯は、川というよりも長大な滝を連想させるほどの動的で凄絶な輝きを放っている。

声をかけて家に上がり込むと、寝転んでテレビを見ていた主人夫婦が体を起こしてワイ（合掌礼）を送ってきた。一度は家を手放したと聞いていたのにテレビもあるし、良材をふんだんに使った立派な家だ。おそらく、伐採禁止になる前に建てたのだろう。柱も、村では珍しい角材である。しかも、内壁には横板を通して、これまた村では珍しい棚をたっぷり備えている。

「ラー、話と違って立派な家じゃないか」

「彼の一族は、水牛をいっぱい飼っているからね。基本的には金持ちなんだよ」

突き放すような言い方である。まだ、怒っている。しばらくは、床に置かれていた彼らの娘の写真に話題が集まった。こうした場合、カレン族も日本人と同様にいきなり本題には入らないから面白い。それから、ラーと女房がちょっと言い争うような雰囲気。

「どうした？」

「もう五百バーツ負けろと言ったら、これ以上は無理だって」

「ラー、もうそんなに頑張らなくてもいいよ。ここらが収めどきだ」

「分かった。クンターがそう言ってくれるんなら」

唇を噛んで、うなずいた。登記証を受け取り、ジョーを経由して現金を手渡す。現金授受のときはいったん第三者を介するのが、カレン族の正式な流儀なのだという。牧場用地売買のときには、相手が従兄だったので略式にしたわけだ。あとは、郡役所に行って登記手続きを済ませればいい。やれ実印だ、戸籍謄本だ、保証人だ、ローンの組み立てだと頭が痛くなるような諸手続きに追い回される日本とは違って、拍子抜けするほど、いや、いささか不安になるほど簡単である。

翌朝目覚めると、ジョーがさっそくわが家のものになった土地に入り込み、草刈りをしていた。ざっと刈り払われた草を踏みしめて、見通しの良くなった南端に立つ。見えにくかった山並みや棚田の緑が視界に入るようになり、なかなか爽快である。高床式の書斎を建て、必要最小限の竹を伐れば、もっと眺望は広がるはずだ。早くも、山上の砦の主になったような気分である。

「騎馬三千で、一気に攻め下るか」

馬鹿な妄想にふけっていると、ラーがいつの間にかそばにやってきて深々とワイをする。

「クンター、本当にありがとう。おかげで、父が遺してくれた土地を取り戻すことができました。これから、母親のところに報告に行ってきます。きっと、大喜びするよ」

ところで、数日前から前庭の垣根の外に伸びたマカーム（タマリンド）の枝の下で、村の衆が竹の先で何かを突っつくような仕草を見せるようになった。何かと思えば、鈴なりになった実をちぎり取っているのである。

普通、市場などで見かけるのは茶色に熟れた甘い実なのだが、この実はまだ緑色がかって瑞々しい。巨大な空豆の莢《さや》のような形の実を割ってみると、薄緑色の果肉がいかにも酸っぱそうだ。マカームにも種類があって、わが家の実は茶色く熟れても酸っぱいままである。昨夜《ゆうべ》も、親戚づきあいをしている大工のノイヌックがこれをかじりながら焼酎を飲みだしたが、川魚も豚肉も生で喰ってしまうほどのゲテモノ好きが、「ウエーッ」と顔をしかめて一瞬ブルブルッと身体を震わせたのには驚いた。この酸っぱさは、レモン代わりとしてカレン族の料理に欠かせない。今朝は私のリクエストで、ラーがこの実を使って野菜と豚肉を煮込んだ酸味のあるスープを作った。

私たちがわが家の木の実に気づかなかったのは、この木があまりにもでかいからである。木の下には竹組みの平台があり、いつもここで昼寝をしたり夕涼みをするのであるが、三メートルほどの高さに若葉が生い茂って実が隠されてしまっていたのだ。実を見つけるには、遠目で見た方が容易で、このために通りがかりの村の衆に先を越されてしまったというわけである。ラーは以前、「毛虫が出るから」という理由でしきりに伐りたがっていたのだが、私は堂々たるこの大樹が大いに気に入っている。

「樹を伐ると、涼しい木陰がなくなってしまうぞ。それに、この樹はお前さんの亡くなった親父さんのような気がするんだ」

そう告げてからは、もう二度と伐ろうとは言わなくなった。ラーが幼いころ、敷地内には三本のマカームの大樹があったという。だが、父親が亡くなって母親や長兄が阿片に溺れるようになると、それにつけ込むように東西の隣家が徐々に境界線を侵食し始める。十七歳になったラーが軍を除隊して実家に戻ってみると、ほぼ正方形だった敷地がやせ細った長方形に姿を変えていた。そこで、役所や警察の知人を頼って走り回り、なんとか登記を済ませたものの、二本の大樹は東西の隣地内に組み込まれることになる。亡父の存命中には登記制度がなく、ラー不在中の既成事実が優先されてしまったのである。

「幼いころ、阿片が吸えずにイライラした母にぶたれそうになると、あの樹の上に逃げ登って夜を明かしたんだよ」

指差す先の大樹の位置を見やると、確かに相当の侵食ぶりである。

「十七歳の娘が、よく頑張ったな。偉いぞ」

「だって、母や姉たちは男たちを怖がるばかりだから、あたしが闘うしかなかったんだよ。軍隊に入ったのも、強くて賢い女になりたかったからなんだ」

ラーと一緒に軍に入った同級生のスージャなどは、わずか三日の訓練で村に逃げ帰ったという。当時の話を聞きながら酸味のきいたスープを啜《すす》っていると、酸っぱさがひときわ胸に染みる。私が二十代だった高度成長期。おかっぱ頭のラーが空腹を抱え、泣きながら大樹の上で夜を明かしている。その光景を思い浮かべつつ遠くに目をやると、今は東西の隣家のものとなったマカームの大樹が次第に滲《にじ》んでくる。わが切なき懐具合も顧みず、書斎づくりを名目に裏庭を買い戻した背景には、そんな事情もあったのである。

翌々朝。庭の畑からもいでゆがいたオクラと焼き海苔（これはチェンマイの日本人向けスーパーでしか手に入らない）で飯を喰ってから、川に下る道づくりが終わった裏庭の検分に出かけた。まずは、砦（単なる書斎であるが）を建てるつもりの場所で家の方を振り返る。なにせ、平坦地は九十坪足らずなので隣家も近いが、まあこのあたりならわが家に人が集まっても、さほどうるさくはないだろう。

書斎を建て終わったつもりになって、改めて眼前に広がる山と棚田の景観を眺めてみる。もう少し変化に富んだ山並みが欲しいところだが、贅沢《ぜいたく》は言えない。

ここからすぐに急斜面になり、横長に広がった竹藪が土留めになっている崖上に至る。藪を幅一メートルほど刈り取って木の梯子段を付けたのは、ラーのアイデアである。土留めの竹を一部でも伐るのには不安があり、今日もこの部分の崩壊が気になっていたのであるが、今のところ問題はないようだ。雨季は今がピークらしいから、まあ大丈夫だろう。マイペンライ。

近隣の若い衆が有り合わせの材で作った急な梯子段を下りて、ぬかるんだ斜面を滑らないように注意しながら下る。途中に小さな平坦地があり、ラーはここに避暑用の小屋を造るつもりのようだ。

「一番暑くなる四月には、ここで昼寝ができるね。木陰だし、川が目の前だから涼しいよ」

だが、雨季の今は藪蚊がいっぱいで、それどころではない。それに、ラーの話が本当なら、このあたりにはコブラもいるはずである。雑木を少し刈り取った隙間から、長雨で茶色に濁った川が見える。急斜面を一気に下ると、すぐに川沿いの道に出た。目の前に、いつも釣りをしたり網を仕掛けたりする川岸が現れて、なんだか嬉しくなる。とりあえず、川に至る粗い道を拓いただけなので崖下急斜面の全容はつかめないが、アイデア次第でいろんな楽しみ方ができそうだ。再び急斜面を登り、梯子段に取りついた瞬間、子供のころ防空壕跡のある崖地で夢中になっていた砦ごっこを思い出した。

さて、遊んでいる暇はない。裏庭の砦で私がやろうとしていることは、牛や鶏の飼育よりもさらに気の長い、しかもいつモノになるのかしれない長期持久戦型の書きものなのである。その間なんとか、微少な貯えがこれ以上目減りしない程度の日銭は稼がねばならない。

おっと、揺れる家の建て替え問題もあった。私自身の方向性、言葉を換えれば商売人としての限界が見えた以上、頼りにできるのはラーだけである。すでに、頼りにはならないと分かっている人物に頼らざるを得ない境遇とは、なんとも情けないものだ。そんなあやふやな頼られ方をされるわが嫁も、哀れな身の上には違いない。

背水の陣であることは、彼女もすでに承知している。貯えが尽きた時点で、私はタイに住めなくなるのである。なにしろ、五十歳以上を対象にした長期滞在者向け一年ビザ（通称リタイアメント・ビザ）を更新するには、八十万バーツの貯金通帳を提示しなければならない。しかも、入金日は更新日三ヶ月前と定められているから、体のいい塩漬けである。タイに住み続ける限り、私は死ぬまでこの金を使うことができないのだ。

正式な結婚手続きを踏んでいれば「配偶者ビザ」が四十万バーツの預金で申請できるが、この場合は一定の収入があることという条件がつく。従って、無収入（というよりも赤字続き）の私の場合、あくまでも八十万バーツをキープし続ける必要がある。もちろん、一年ビザが取れなくなっても、ラオスの首都ビエンチャンやマレーシアのペナンにあるタイ大使館や領事館に出かけていき、チェンマイに戻ってから一ヶ月の延長手続きをとれば、合計三ヶ月はタイに住めることは住める。

けれど、三ヶ月などはアッという間であり、そのたびに隣国とはいえビザ取りだけのために海外へ出かけていては、経済的にも体力的にも身がもたない。

いずれにしても、虎の子の八十万バーツに手をつけた時点で、私は日本への出稼ぎを考えざるを得なくなるだろう。だが、すでに日本での仕事上のつながりは五年近くも途絶えており、この年になってそのブランクを埋め直すのは不可能に等しい。不況下の日本で、新しい職を得るなどということが、果たしてできるものかどうか。

一週間先はおろか、明日の予定さえ確定することの苦手なラーが、ギリギリと頭を絞り始めた。タイ人の国民性の象徴ともいえる〝マイペンライ精神〟を旗印に四十年以上も生きてきた彼女は、ひとつのことを深く長く考え続けることに慣れていない。彼女の胃袋が、途端に変調を来した。そうなると、私も「マイペンライ」と慰めるしかない。

すると、胃袋はすぐに回復して魚獲りや茸《きのこ》狩りに夢中になり始める。そこで、少しばかり突っついてみると、再び胃袋がきしみだす。こうして、時間だけがどんどん過ぎてゆく。そんなある日のこと。

「あたし、やっぱりクッティアオの店をやることにするよ！」

朝食用の豚肉を買いに出たラーが、戻ってくるなりそう叫びながら家に飛び込んできた。クッティアオとは、タイの代表的な麺料理である。店それぞれの工夫と節約を凝らしたスープに、米からできた半透明の白い細麵、野菜、ルクチン（つみれ団子）などをゆがいて放り込み、刻んだネギやパクチーを添えて供する。客は、これにテーブル用の三点セット（煎《い》り唐辛子、砂糖、刻み生唐辛子浸し酢）を自分で勝手に加えながら味を調えて食す。無理に日本語に直せば、タイラーメンということになろうか。

さて、ラーが朝っぱらから興奮しているのは、かねてから話のあった貸店舗が形になってきたからである。実は、この半年ほど前、われわれはわが家の庭先で試験的にクッティアオの店を開いたことがある。だが、この店は私の家出によってわずか二ヶ月足らずで幕を閉じた。一ヶ月以上にも及んだチェンマイへの本格的家出の原因は、初期の短期家出の要因となった亡夫の霊の仕業などではなく、豚も喰わない夫婦喧嘩であるからして詳しくは述べない。もっとも、今になって冷静に振り返ってみれば、その諍いは滝の上で魚獲りをしている際にラーが突如として感情をコントロールできなくなったことに発しているのだから、私たちの有り様《よう》の何かが滝を司る地霊か水霊の怒りに触れたとも考えられなくはないのだが……。

ともあれ、村のどんづまりという不利な立地条件では、この家出事件がなくとも、いずれ店の移転を考えねばならないのは明らかだった。郡役所のあるオムコイの町と山奥の村々とを結ぶ幹線道路の中間地点、しかもわが村への入り口、さらに週末の礼拝日には人であふれる教会の隣という恵まれた立地に店を構える雑貨屋夫婦が、彼らの店の斜め前での貸店舗建設計画を打ち明けたのは、もうずいぶんと前のことである。雑貨屋の向こう隣には、古くからのクッティアオの店がある。とはいえ、その味をはるかにしのぐラーの特製クッティアオ＋αを商うには、もってこいの場所といえた。だが、提示された月々の家賃は千五百バーツ。利の薄い麺屋では、かなり厳しい。なにせ、わが村では一杯二十バーツ（六十円前後）でも「高い」と文句を言われるほどなのである。

それに、家主が考えているのは「貸家としても使えるようなもの」ということで、一体どんな造作になるのかちっとも見当がつかない。そこで、富裕層も多いオムコイの町で「洋服屋はどうか？」「若い女性に特化した下着屋はどうか？」とあれこれ頭をひねって店舗も物色していたのであるけれども、ラー本人としては、やはりクッティアオの店が一番性に合っているらしい。

というのも、彼女は少女時代に町でクッティアオ屋を営むタイ人の家に里子に出されており、仕込みから調理までひととおりのことを習い覚えたのだという。タイ語もここで喋れるようになり、タイ国のＩＤカードも取得することができた。反面、学校から戻ると汚れた丼や洗濯物が山のように待ち構えており、客の食べ残しを食事として与えられるなど屈辱的な民族差別にも遭った。

十六歳になると、常連の中年警察官との結婚話を無理矢理押しつけられそうになる。そこで、ついに我慢できなくなり「よくも犬の餌のようなものを喰わせてくれたな！」と啖呵《たんか》を切って、その家を飛び出した。泣いて止める実家の母親を振り切り、コツコツと貯めた小遣いで買った憧れのジーンズ（彼女にとっては強い女の象徴だった）を穿いて軍隊に応募したのである。志願した所属先は、亡父や母や亡兄が溺れた阿片のもととなる芥子《けし》畑の摘発と刈り取り・焼き払いを行う国王直属のミャンマー国境駐留部隊だった。入隊誓約書には、「任務中に命を落としても一切の補償を求めない」という一文があった。

決していい思い出ばかりのクッティアオ屋暮らしではなかったのであるが、自分が供したクッティアオを客がうまそうに食べる様子を見ると、幸せでたまらなかったという。

「お金を貯めて、いつかは自分もクッティアオの店を出してみたい」

少女時代にほのかに抱いたそんな夢は、その一年後、母親に無理矢理除隊させられ、さらに結婚させられたことで潰《つい》えてしまったものの、その想いは胸の奥でひそかに息づき続けていたらしい。新商売の計画話が堂々巡りすると、最後には「やっぱり、クッティアオ屋かなあ」というところに落ち着いてしまうのである。

そして今朝、くだんの貸店舗が完成に近づいている様子を見て、もう一度麺屋で勝負してみたいという強い想いが湧き上がってきたのだという。何事をやるにしても、好きという動機が一番であろう。それに、「町ではなく、あくまで自分の村で少女時代の夢を実現したい」という女の心意気を無下にはできまい。私としても、すでに山や川や家畜に囲まれた村ののんびりした暮らしにすっかり馴染んでおり、買い物のときなどに垣間見る町の人々の抜け目のなさと愛想のなさには正直嫌気がさしている。村でそこそこの商売ができるのなら、その方がずっといい。

そこで、起き抜けに山で採ってきた茸スープの朝食を終えると、さっそく貸店舗の様子を見に行くことにした。場所は、わが家からバイクで一分足らず。のんびり歩いても、五~六分である。私は、日本でもうんざりするほど見かける灰色のコンクリートブロックが嫌いで、躯体をブロックで積み上げているこの現場を、いつも素通りしていた。

ところが、今日はすでに壁塗りの段階に入っており、表面に白いペンキを塗りつけると聞けば、まあ、店舗としては問題もないのだろう。屋内はいたって狭く、奥の左手に水浴び場兼トイレ、その手前に三メートル四方ほどの小部屋がある。右手は土間風で仕切りはなく、手前の横長の開放部分とつながっている。いわゆる玄関はなく、開放部の前面に二枚のシャッターを取り付けるのだという。つまり、壁は三方にしかないわけだ。シャッターの前には道路に面した前庭があり、調理スペースやテーブル置き場としても使えそうだ。

うーむ。これは、予想外にクッティアオ屋向けの造りではないか。さらにさらに、どういう風の吹き回しか、値下げ交渉をしたわけでもないのに家賃は月千バーツでいいという。村では、礼金や保証金などは不要だ。ラーが興奮するのも無理はない。

「どう、クンター。なかなか素敵でしょ？　電気もあるし、水道もある（当たり前だ）。調理は、この前庭でやった方が気持ちよさそうだよね。クッティアオだけじゃなく、いろんな料理もつくろうかな。ビールや焼酎も売れるし、奥のスペースには服やバッグなんかも陳列できるよ。そうだ、山奥に住む人たちが欲しくても手に入らないようなものをチェンマイで探してくれれば、みんな大喜びだよ」

「おいおい、あんまり欲張るとろくなことがないぞ。まずは、クッティアオで勝負して、それからみんなにどんなものが必要かを訊いていけばいいさ」

「そうだね。ゆっくり、ゆっくりだよね。あのね、家主の雑貨屋夫婦、あたしが子供のころに町からこの村にやってきたんだけど、初めはほんの小さな店から始めたんだよ。それから、今の場所に移って店を大きくして、だんだんお金を貯めて、町にも貸家を建てて、今では大金持ち！」

私と同年代の白髪頭のハンサム旦那イーッは、そんな話をニコニコ聞きながら店先で魚の天ぷらを揚げている。

「そうだよ、クンター。初めは小さく、少しお金ができたら少しだけ大きくして、またお金を貯めて。商売は、その繰り返しなんだから」

旦那とはまったく釣り合わない器量ながら、気のいい太っちょの女房メーヨムが、昔を振り返るように遠い目をしながら私に笑いかけた。

「俺の場合、そうのんびりしてもいられないんだけどなあ」

そう言いたいところだが、ここは北タイ、しかも僻《へき》地《ち》中の僻地オムコイである。焦ったところで、どうにかなるものでもあるまい。何はともあれ、私より十六歳年下のラーが女手ひとつでも生きていけるような道を見つけてくれれば、たとえ私に急なお迎えが来て、あの空に昇ることになったとしても安心というものだ。

「ねえねえ、クンター。店に家具や荷物を移してしまえば、家の建て替えも簡単にできるね。だから、この小部屋には素敵なベッドマットを敷こうよ。家を建て替えるとしたら、そうだなあ、雨が降らない四月がいいね。年が明けたら、そろそろ材木の買い足しを始めようか？」

もといい。そう易々とは、空に昇れそうもないのであった。

第八章　霊《ピー》に憑《つ》かれて金縛り

日本で麺屋を開くとなれば、衛生管理だの防災管理だの七面倒な手続きが必要になってくるのだろうが、わが村では誰もそんなことは構わない。

以前、わが家の庭で試験的に店を出したときには、古くからのクッティアオ屋が客が減ると村長にクレームをつけたそうだが、「ここは自由の国だ」というひと言で追い返してくれたらしい。このとき、私は村長に貸したまま戻ってこない百バーツのことはすっかり忘れることにした。

その村長に再開店の旨を告げると、

「マイペンライ。村の衆にも宣伝しておくよ。しっかり稼いで、たまにはビールを奢《おご》ってよ」

たまにはどころか、しゅっちゅう奢っているはずなのだけれど、まあ、それも良しとしよう。念のため、近所に住むオボートー（地区行政事務所）の所長にも声をかけると、

「ほう、それはおめでとう。職員たちにも伝えておくよ。ウチの女房も、もうすぐ雑貨屋を開くんだ。必要なものがあったら、ぜひウチの店で買ってね」

ニコニコ笑って、励ましてくれただけだ。確かに、拍子抜けするほど自由である。手続きらしいことといえば、家主の雑貨屋と交わした賃貸契約書くらいである。だが、その内容は「家を壊したら弁償すること」「契約を打ち切るときは事前に通達すること」といった程度で、ややこしいことなどは何もない。最後に、旦那のイーッが申し訳なさそうに訊く。

「クンター、念のための話なんですけど、もしも家賃が払えない場合には日本の銀行からお金を送ってもらえますかね？　一応、契約書の最後にそんな項目があるもんで」

「日本から？　さあ、どうだろうなあ。でも、バンコク銀行のチェンマイ支店に多少の預金があるから大丈夫だとは思うけど。なんなら、一年分前払いしますか？」

「いえいえ、前払いしてくれるんなら六ヶ月分で充分ですよ。まあ、クンターなら間違いないでしょう。マイペンラーイ」

契約が済むと、吉日を選んで店のお祓いと商売繁盛のお祈りをすることになった。出家体験のある義兄に相談すると、月末の二十九日がよろしいと言う。

その日は、早朝から二羽の鶏をつぶした。茹《ゆ》であがった鶏を丸盆の上に載せ、周囲に南天に似た白い花、バナナの葉で包んだ生米、バナナ葉巻、菓子などの供物を添える。こうした祈祷に供える焼酎は、ビール瓶に詰めた二本（八十バーツ）と決まっている。これらを家に集まった親戚一同と共に店に運び込み、まずは裏庭に急ごしらえした粗末な祭壇に供える。一本のロウソクとタイの吉数である九本の線香に火を灯す。ゴム草履を脱いでしゃがみ込み、お経を唱える義兄の後ろに並んで両手を合わせた。こうした際、ラーはお経の合間に自分で考えた言葉を混ぜながら呆れるほど長い祈りを捧げるのだが、私の場合は「どうぞ、よろしく」程度だから、いつも手持ち無沙汰になってしまう。

次に、その供物を店の小部屋に運び込み、床に置いた砥石《といし》の上に、前もって入念に研ぎを入れた山刀を載せた。災いを断つための道具立てであるという。中央には、ラーが崇拝するチャームテヴィーの肖像画と、私がカンボジアのプノンペンにある国立博物館であがなった象頭人体のガネーシャ像（商業と学問の神様）を置く。

史実の詳細は不明らしいが、チャームテヴィーは七〜八世紀ころにモン族が興したとされるハリプンチャイ王国初期の女王である。少女時代に伝記物を読んだというラーの解説によれば、この女王は男運に恵まれず、夫や愛する人と次々に死別するという非運に見舞われた。美貌と英知の誉れ高い彼女のもとには、絶えず求婚者が現れる。だが、彼女は一切を投げ捨ててメーチー（尼僧）としての修業の道に入り、現世におけるしがらみから解き放たれたのだという。真偽のほどはともかく、商売にはあんまり関係なさそうなのだが、ラーにとってはジーンズと同様〝強い女〟の象徴らしい。

一方、ガネーシャはヒンズー教の神でありながら、頭部が象の姿をしているためかタイの仏教徒にも広く信仰されているという。不信心な私は、ただその愛嬌ある姿が気に入っているだけなのだが、ここは強力な財産形成パワーにすがりたいところだ。

再び義兄の先導でお祈りをし、ぐい呑みに満たされた焼酎を義兄、私、ラーの順序で一気に飲み干した。そのあとは、祈祷に欠かせぬ木綿の糸巻きである。先祖供養や結婚式や葬式のときと同様に右手に炊いた飯と鶏肉を握り、両手首への糸巻きが終わると同時に、これを一気に食べる。私が食べ終えてラーの番になると、

「あたし、義兄さんが怖い」

耳元で囁《ささや》いた。首をねじって見ると、両腕に鳥肌が立っている。

「どうしたんだ?」

「隣のプーノイと違って、すごいパワーが伝わってくるんだよ」

ラーは普段、プーノイの霊力を信じて軽い怪我や病気のときには彼に治療を頼むのだが、今日は特別な日だというので、プーノイよりも一段霊力が上だという噂の義兄に祈祷を頼んだのである。

しかし、この義兄、プーノイのようにそれを商売にすることはせず、表立つことも嫌いな質《たち》なので、これまではラーがいくら頼んでもなかなか重い腰を上げてくれなかった。もっとも、焼酎で買収されての鶏盗難幇助《ほうじょ》やナマズ池造りの失敗談でも紹介したように、普段の行動はあまりパッとしない。私自身は半信半疑だったのであるが、ラーの鳥肌を目にした以上、彼の霊力を見直さざるを得ないだろう。

……こりゃ商売繁盛、期待できるかもしれんなあ。

糸巻きの儀式がつつがなく終わると、義兄が居住まいを正した。

「お祈りは終わったが、仏様を無人の店に放置するわけにはいかない。少なくとも、三日間はここに泊まり込んで仏様をお守りしなさい」

いつになく、威厳がある。思わず深々とワイ(合掌礼)をしてから小部屋を出ると、店先には親戚や近所の衆が十数人集まって、ゴザの上で宴会を始めていた。誰が連絡したのか、村長の顔も見える。供物の茹で鶏を解体して、さっそく鶏鍋に仕立てた。供物の焼酎はその場で飲み干さねばならぬというしきたりだから、献杯も急ピッチである。焼酎が回ると義兄の威厳は面白いように崩れ去り、いつものように頭にアクセントを置く妙な発音で「アリガト」を連発し始めた。そして、「シムラさん、スズキさん、カトーさん」と日本人名の羅列がとめどなく続く。

　この義兄、戦後になってオムコイに銀の採掘にやってきた日本人技師たちに鉱夫として雇われたことがあり、仕事はきつかったけれど賃金や待遇はとてもよかったのだという。ちなみに、私と同名のヨシダさんはマラリアにやられて町の寺で葬られたのだそうな。そして、彼らは銀を掘り尽くすと、さっさと日本に戻っていった。その銀鉱を半分でも残しておいてくれれば、今のオムコイはもっと豊かになれたのかもしれないのだが。


　試験的開店の際にひととおりの調理用具は購入したから、あとは新しい店の体裁にふさわしい椅子、テーブル、丼や箸、チョーン（アルミのレンゲ）、保冷庫などを揃えればいい。調理は、七輪に炭火を熾《おこ》してやっていたのだけれど、火点きは遅いわ、手は汚れるわ、客が立て込むと炭入れを忘れるわ、どうも管理が面倒だった。それに、新しい貸店舗で七輪と炭というのも、なんだか気勢があがらない。そこで、かなり高価だが専用のガス台だけは奮発することにした。それでも、備品代の総計は一万五千バーツ程度で収まったと思う。

　これに、麺、つみれ団子、野菜などの食材と各種調味料、テーブル用三点セット（煎《い》り唐辛子、砂糖、刻み生唐辛子浸し酢）を揃えれば、とりあえずはいつでも開店できる状態になる。

　問題は、これらをどうやって仕入れるかである。もちろん、町の市場や毎水曜日の合同市でもこれらの食材や調味料、什器などは手に入るが、品質にも数にも限りがある。それに、山奥からラフ族などが運んでくる有機野菜を別にすれば、すべてチェンマイからの取り寄せ品なので値段が高い。僻地《へきち》の宿命で、運送費やガソリン代が上乗せされるのである。長い目で見れば、交通費はかかるにしてもチェンマイの市場や業者向け量販店で大量に仕入れた方がずっと得なように思えた。

「ラー、クルマ買った方がいいのかなあ?」

「そうだねえ、クルマがあれば建て替え用の材木だって運べるし、バケーションにも行けるね」

「そうじゃなくて、仕入れの話だよ。今は、遊びのことなんぞ考えている場合じゃないだろう」

どうも、話が噛み合わない。

「お前さんにずっと麺屋を続ける覚悟があって、客もそこそこ呼べる自信があるのなら、俺はチェンマイで大量に仕入れた方が絶対にいいと思うんだけどな」

「そうだねえ、そうなれば月に一～二回はチェンマイで息抜きもできるしね」

「…………」

最後まで話が噛み合わないので、月に数度クルマでチェンマイに仕入れに行っている雑貨屋の旦那イーッに相談を持ちかけた。

「そりゃあやっぱり、量販店だとずいぶん安くなるよ。ウチなんか、その差額で喰っているようなもんだからね」

「ガソリン代を差し引いても?」

「ああ、最初のうちは厳しいけど、ウチもクルマを買って大量に仕入れるようになってから、ぼちぼちと利益が出るようになってきたんだよ。それに、店を始めれば重い保冷庫や飲み水のタンクやガスボンベを運んだりもしなくちゃいけないでしょ。そうなると、やっぱりクルマはあった方が便利だよね」

彼らは卸値で買ったものを流通価格で売りさばくだけだから、話は単純である。だが、われわれはそれに調理を加えねばならず、村の経済事情から丼一杯二十バーツ以上には設定できない。安易に彼らの成功事例を踏襲することはできないのであるが、どうやら村での商売にはクルマは欠かせないようである。

決め手となったのは、麺屋の仕入れとはなんの関係もないラーのひと言だった。

「あのねえ、クンター。あれこれ考えたんだけど、収穫のときに袋詰めした米をクルマで運んであげればタダで米がもらえるんだよ。それに、材木や重いものを運んであげたときは、一往復三百バーツが相場なんだ。ウチも、薪を伐り出して運んでもらうときにはいつも三百バーツ払っているでしょ?」

「ああ、そうだったな。まあ材木はともかくとして、米がもらえるという話は魅力的だな。でも、まさか一年分はもらえないだろう?」

「どうかなあ。とにかく、クルマがあればみんなクンターに頼みたいって言ってるよ。なかには威張りくさっている嫌味なクルマ持ちもいるからね」

まあ、ラーの言う「みんな」がどれほどのものかは当てにならないが、もしも米を運ぶだけでそこそこの米が確保できるのなら、何も田んぼを買って次姉やジョーたちのような重労働をする必要はない。むろん、面積や立地条件にもよるが、中古車の価格はかなり広い田んぼの値段を少し上回るくらいなのである。これまた、長い目で考えての話ではあるが、ひどい腰痛持ちで、なおかつ老年に向かいつつある私、および田んぼの草取りのような根気のいる作業が苦手なラーにとっては、さほど悪い話ではなさそうだ。臨時の運送屋として、多少の現金も稼げるかもしれない。

「よし、田んぼの代わりにクルマを買うか」

「やったあ、これで来月にはメーホンソーン（隣県）の野生ひまわり群生地に遊びに行けるね」

「あのなあ……」

チェンマイで中古ピックアップの相場を確かめてから、オムコイでクルマ販売を手がけるジュイ（ラーの同級生の弟）に声をかけた。彼が探してきたのは、タイでもっとも人気があるというTOYOTAハイラックスタイガーの十年落ちだった。むろん四駆は割高だが、悪路での米や材木運びを考えるとやむを得ない。二十七万五千バーツの言い値を、ラーが二十六万九千バーツまで値切りに値切った。

さっそく、チェンマイに什器や食材の仕入れに走った。ラーがナマズや野菜や女性用下着まで売りたいと言いだしたので、荷台を満杯にしてオムコイに戻った。往復三百六十キロ、運転だけで六時間強の道程である。翌日、早朝から仕込みにかかり九時半に店を開けた。

二〇〇九年十一月十三日、ふと暦を見ると不吉な金曜日とも重なっている。慌てて日本製手帳を確かめると、間違いなく大安ではあったのだけれど……。ラーの友人や知人が、どっと押し掛けた。てんてこ舞いのあげく、ラーのエプロンのポケットには千二百バーツが残った。野菜や下着の売り上げを差し引くと、クッティアオが五十杯近くも売れた計算だ。村の経済事情からすれば、予想もできない好調な出足であった。

麺屋を開いてから、私たちの暮らしぶりはすっかり変わった。早朝からの仕込みがあるのでしばしば店の小部屋に泊まり込むようになり、すべてが店中心に動くようになったのである。空になった家には、長姉の家から母親を引き取り、夜は三男のポーが用心棒代わりに彼女と一緒に眠る。庭で放し飼いしている鶏の世話は、この二人の仕事になった。牛の世話は、ジョーと次姉に任せっきり。バナナ園は、クッティアオ用の野菜畑を少し拓いただけで、あとは放ったらかしだ。

家にいる時間はほとんどなくなり、買い取った裏庭に書斎を建てる計画も棚上げとなった。川に魚獲りに行くことも、山に竹の子掘りや茸《きのこ》狩りに行くこともほとんどなくなった。店を閉めるのはチェンマイに仕入れに行くときだけで、たまの休みも調理鍋の修理や仕込みの準備をしているうちに終わってしまう。さぞや儲かっているのかと思いきや、これがからきしである。

開店後のお祝儀景気はあっという間に終焉《しゅうえん》を遂げ、一日の売り上げは五百バーツにも満たないときが多い。ラーのエプロンのポケットに残った多少の百バーツ札は、やれ豚骨代だ、やれニンニク代だ、やれ電気代だと羽が生えたように飛んでいってしまう。仕入れの際の食材購入費やガソリン代は、相変わらず私の持ち出しである。

「ラー、毎日こんなに働いているのに全然儲からんなあ」

「そうだねえ、みんなおいしい、おいしいって言ってくれるんだけど、やっぱりクッティアオを食べる余裕のある人は少ないからねえ」

それでも、どういうわけか、毎日は妙に楽しい。朝六時前に鶏の鳴き声で目を覚ますと、まずは裏庭に出て枯れたマンゴーの枝をポキポキ折りながら七輪で火を熾す。煤《すす》で真っ黒になったでこぼこの薬缶《やかん》で湯を沸かし、タイ独特の砂糖を混ぜた甘い甘いインスタントコーヒーを啜《すす》っているうちに夜が明けてくる。そこで、パソコンに無線モデムをつなぎ、洗いものを干す竹組みのテーブルの上に立って宇宙からのメッセージ、もといネットをチェックする。こうしないと、町の給水塔に立てられたアンテナからの電波が、村の入り口にある峠に遮られてキャッチできないのである。

店を始める前には五時半に起き出していたラーは、このところ疲れが出てきたのか、それとも寒いのが苦手なせいか、なかなか起き出してこない。そこで、束の間の鬼のいぬ間の静寂にネット処理を済ませてしまうわけだ。

六時半過ぎに二人で二杯目のコーヒーを飲み終わり、それぞれの仕事にかかる。私は店の掃除、店前に飾った蘭の花への水やり、テーブル用三点セットの補充。ラーは米を研ぎ、炊飯器のスイッチを入れて朝食の支度を始める。ひと息ついてから、小臼でニンニクと胡椒粒を搗《つ》く。ラーがこれを蛮刀で断ち割った豚骨に擦り込み、各種の調味料やソースを混ぜてスープの仕込みにかかる。

わが麺屋の売りは、中国薬草ベースの豚骨バカ旨スープと時節のたっぷり野菜、ルクチンムー（豚つみれ団子）とルクチンプラー（さつま揚げ）、そして搗きニンニクと豚皮のカリカリ揚げと盛りだくさんである。

「これじゃあ、採算がとれない」

何度も抗議するのであるが、ラーは頑として曲げようとしない。

「カレン族はお金はないけど、味にはうるさい。これくらいサービスしないと、誰も食べに来ないよ。ここはカレン族の部落なんだから、味のことはあたしに任せてちょうだい」

そこで、毎日の仕込みのほかに、数日ごとの大量のニンニク搗き、豚皮の切り刻み、それらの唐揚げ、および赤唐辛子の煎りならびに搗き、というなかなかに手のかかる仕込み作業が加わることになる。こうした作業を店を開けながら二人でこなすのは無理だから、親戚や友人の助っ人も欠かせない。活躍するのは、おなじみの甥っ子ジョー、従兄のマンジョーとベッ、そして自分でつけたユニークな渾名《あだな》〈駆けつけ二杯の若い人〉を持つ友人のノンソンケオなどだ。彼らの労働への対価は焼酎に決まっているから、焼酎代もなかなか馬鹿にならない。これに加えて、タイには持ち帰りの習慣が定着しているので、テーブル用三点セットを小さなビニール袋に小分けして輪ゴムで留めるという作業もある。

ふーっ。

九時半ごろにはぽつぽつと客がやってくるから、店先にゴザを敷いて野菜を刻んでいたラーが慌てて調理に立つ。その間にも裏方の作業は続き、私がお役御免になるのは、たいてい十一時過ぎである。昼どきになると、調理担当のラーに仕事が集中する。私は客が途切れるのを待って、丼や冷水用のコップをさげて裏庭で洗い、テーブル用三点セットや丸いクーラーボックスの中の飲み水を補充する。午後三時前後にもひと山があるけれど、午後の遅い時間は比較的暇である。そこで、私は寝室となった小部屋にあぐらをかいて、あるいは裏庭の安楽椅子に腰を沈めてノートパソコンに向かう。

そうなのだった。裏庭での書斎づくりは頓挫したものの、ラーが調理と接客に専念してくれるおかげで、私は実に数年ぶりに長い書きものに集中することができるようになったのである。カレン族の会話は怒鳴り合いのようなもので、とりわけラーのしゃがれ声はコンクリートブロック造りの店内にワンワンと響き渡る。客足が途切れて手持ち無沙汰になるとしょっちゅう小部屋を覗いてはじゃれかかるし、野菜を刻むために安楽椅子の前を小走りに行ったり来たりもする。だが、ともかくも一定の時間自分ひとりだけの空間を確保できるのはありがたく、これは麺屋を開いての思わぬ効用であった。

なに、自分専用の書斎などはいらない。麺屋の亭主の書斎など、豚骨薬草スープの匂い立ちこめる小部屋や洗い場のある裏庭で充分である。

モノになるかどうかは、知らぬ。ただ、この村での暮らしを思うままに書き綴ることのできるようになった今こそ、亡き妻の発癌を境に断ち切ってしまった物書きの端くれとしての志を、もう一度つなぎ直すべき好機ではないか。そして、それは脳転移による意識障害に陥る直前まで、妻が私に望み続けた遺志でもあった。

「よし！」

思わず、安楽椅子に据えた腰が浮き上がり、大きな声が出た。ラーが、すかさず麺ゆがき棒を手に裏庭に走り込んでくる。

「クンター、どうしたの！　気分でも悪いの？」

「なんでもないよ。日本語で『頑張るぞ』と言っただけだ」

「なーんだ、心配したよ」

「あのなあ、ラー。今年の正月にタイウェイ・ゲストハウスで書き初めしたの覚えてるか？」

「タイウェイ・ゲストハウス」は、ラーと出会ったチェンマイの安宿である。タイ人旦那のウイさんと日本人女将《おかみ》のノッケオ（オウムという意味の愛称）は、すでに三歳になる子供をもうけており、いわば私たちにとって日タイ結婚の先輩でもある。

「うん、もちろん覚えてるよ。クンターは『ナッケー！（困ったもんだ！）』、あたしは『セツヤク』って書いたんだよね」

「ああ、書き初めはその年の目標を書くんだから、今の俺たちにはぴったりのお題だ。ナッケーなお前さんが節約しながら店で稼いでくれれば、俺も思い切って書く仕事に打ち込めるからな」

「うん、分かってるよ。電気もセツヤク、ガスもセツヤク、おかずもセツヤク、頑張るぞお。でもクンター、あたしはいつまでセツヤクすればいいの？　もう四月になるけど、セツヤクばかりだと五月半ばから始まる雨季までに家を建て替えられないよ。なんだったら、宝くじでも買う？　一等賞は二百万バーツだよ」

ナッケー！

のちに明らかになったことだが、この店はかなり縁起の悪い土地の上に建っているらしい。どうやら、ピー（悪霊）が憑いているようなのだ。

最初の兆候は、ラーの恐慌と不眠となって現れた。寝込んだ深夜になると、誰かがガスをひねって調理を始めるというのである。私も初めは相手にしなかったのだが、ラーの怖がりようは尋常ではない。ついには、店の小部屋では絶対に寝ないようになった。その正体を突き止めようと、数日間ひとりで寝泊まりしてもみたのだけれど、やはり私には何も感じられない。

「ラー、大丈夫だよ。ピーなんかいないよ」

「それはクンターが日本人だからだよ。あたしが泊まると、必ず誰かがやってきてカチャンとガスをひねって、ジャージャーと炒めものを始めるんだから」

「でも、ピーが襲いかかったりはしないんだろう？　結婚した直後みたいに、お前さんにピーが憑いたような様子もないしなあ」

「それはないけど、やっぱり怖いよお。そして、朝まで眠れなくなるんだから」

その後、ラーが年寄りたちに話を聞き回ってみたところ、昔からこの土地に家を建てて住み着いた人たちは、ピーに悩まされて病気になったり、家族関係が壊れたりして、ついには家を取り壊し逃げ出すように去っていったのだという。それを、今の家主が買い取って、長い間果樹園として使ってきた。

「もちろん、そのことはメーヨムも旦那のイーッも知っていたんだろう?」

「そうらしいけど、もうずいぶんと時間が経ったから大丈夫だと思ったみたい。向こうも商売だから、あまりハッキリとは訊けないけどね。ウチの持ち物じゃないから勝手に悪霊祓いもできないし、困ったなあ」

幸いなことに、以降も店においては深夜に誰かが調理を始めるという以外のピー現象が現れることはなかった。もっとも、麺屋がなかなか儲からないこと自体が、最大のピーアム(霊に憑かれて金縛り)現象なのかもしれないのだけれど。

ところが、数ヶ月後にピーは意外なところから表立った攻勢をかけてきた。あれは、そろそろ乾暑季に入り始めた三月初めのこと。村や町の衆が暑さしのぎの滝遊びを始めるようになったので、私たちは人の集まる滝上の一画で、クッティアオと共にソムタム(パパイヤサラダ)を売り出したのである。そして、調理道具の運搬が面倒なので、川原の砂床にゴザを敷いて夜を過ごすことが多くなった。すると、手伝いにやってきた親戚連中も一緒に泊まり込む。当然、連夜の焼酎宴会である。

　ある夜、しこたま酔った私は、柔らかな砂の上でぐっすり眠り込んでしまった。深夜になって、なにやら騒ぎ声がする。寝ぼけ眼に眼鏡をかけてヘッドランプを灯すと、従兄のマンジョーやベッをはじめとする数人の男たちが、寝場所の砂床から逃げるように這い出し、駐車場に至る長い石段を駆け上っていく。

「ん？　あいつら、どうしたんだ？」

「ピーが出たんだよ！」

「え？」

　興奮気味のラーの話によれば、滝に入る前の浅瀬でひと晩中洗濯をするようなピチャピチャという水音が聞こえてきたのだという。そのあたりを見ても、何も見えない。ところが、何度か確かめるうちに、若い男が水辺で何かを洗っているような姿がぼんやりと浮かび上がってきた。それを見て、誰かが「ピーだ！」と叫んだ途端、みんなが一斉に逃げ出した……。

「お前さんも見たのか？」

「ううん、あたしは騒ぎで起き出したから。でも、おかしな水音は確かに聞こえたよ」

　翌朝の親戚一同による鳩首会談によって、それは数ヶ月前に誤って滝壺に転落して亡くなったある若者のピーの姿だったに違いないという結論が出た。私たちは、その水辺に花と焼酎を供えて彼の冥福と鎮魂を祈った。

その数日後、今度は滝に遊びにやってきたラーの友人が突然激しいひきつけのような症状を起こした。彼女は相当に酔っており、赤児を抱きながらも同行した若い男としきりに戯れていたのだった。そのことをラーが注意すると、若いころの桃井かおりに似た愛らしい彼女の表情が一変し、悪鬼のような形相になって何やら喚《わめ》きだした。そして、突然両腕を前に伸ばして宙を掻《か》きむしるような仕草をし、全身を硬直、痙攣《けいれん》させながらその場にくずおれたのである。ラーが駆け寄って抱き起こすと、彼女は激しく罵《ののし》りながら乱暴に振り払おうとする。目が落ちくぼんで、まわりが濃いメイクをしたようにどす黒い。食いしばった歯の隙間からは、呪詛《じゅそ》のような低い呻き声が漏れ出てくる。

たまたまその場にいた隣家のプーノイが、コップの水を口に含んで彼女の顔や頭にぷーっと吹きかける。合間に呪文のようなものを唱えつつ、ついでに頬への軽い張り手も交えながらそれを何度も何度も繰り返すと、ようやく彼女の全身から力が抜け落ち、表情がゆっくりと元に戻った。キョトンとした顔で、上から覗き込むわれわれの顔を不思議そうに眺め回す。

「どうしたの、あたし、どうしたの?」

「どうやら、ピーが憑いたらしい。ほれ、みんなで家に運んで、しばらく安静にさせんとな」

プーノイの指図で、数人の男たちが彼女を担ぎ上げ石段を上っていった。

ほほお、プーノイもやるときにはやるのであるらしい。もっとも、あれくらいのことなら、私にもできそうな気がしないでもない。

「ああ、びっくりした」

目を見開いたラーの体が、まだ震えている。

「一体、どうしたんだろう？　焼酎の飲みすぎかな。それとも、癲癇《てんかん》の持病でもあるのか」

「違うよ、滝の守護霊が怒ったんだよ。彼女があんなふしだらなことをするから、滝のピー様がカンカンに怒ったんだよ」

少し落ち着きを取り戻したラーの言うことには、昔々、この滝の上流には一頭の巨大な象と年老いた象遣いが一緒に住み暮らしていた。ところが、ある年激しい洪水が起きて、あっと言う間に象と象遣いを呑み込み、滝壺の下に沈めてしまった。その後、彼らはこの滝の守護霊となり、滝遊びをする人たちの安全を見守りつつも、不埒《ふらち》な行いをする者に対しては容赦のない鉄槌を下すようになった……。

「だから、ピーの怒りに触れたんだよ。彼女は結婚もして子供もできたというのに、酔っぱらって若い男と滝の上でデレデレした。それが、象と象遣いのピーの怒りに触れたのに違いないよ。ねえ、クンター。あたしたち、もう一度キチンとお祈りをしようよ。ここで商売させてもらっていることを、もう一度ちゃんと許してもらおうよ」

そう言うラーの両腕には、盛大に鳥肌が立っている。物売りを始める前に、一応のお参りはしたのだったが、それは実に簡単なものだった。友人の凄まじい姿を目の当たりにした以上、そしてラーの鳥肌と心を鎮める意味でも、私に否やはない。翌朝、私たちは滝壺の上の岩場に心を込めてつくった鶏鍋と焼酎を供え、改めて念入りに滝ピー様の安堵と商売の許可を願い出たのだった。

そういえば、ラーは茸狩りや魚獲りなどに出かけたおり、野外で食事をするときには必ずひとつまみの米とおかずをバナナの葉に包んで木の根元に置き、地面や川に焼酎を垂らしながら地霊や水霊に向かってお祈りを捧げる。また、私が不用意に放尿しようとすると、

「ピー様にキチンと謝ってからしてね」

真顔で注意する。そうしないと、地霊の怒りに触れて局所が腫れ上がったり、のちにとんでもない災いが降りかかるというのである。実際に、そんな目に遭ったという村人の実例も事欠かない。

以前は頭の片隅で馬鹿馬鹿しいと反発したこともあったが、この滝ピー様の祟《たた》りを目の当たりにしてから、私も自然界における各種のピーの存在には意識的に敬意を払うようになった。そうすると、私を受け入れる自然の有り様《よう》が以前よりも何やら優しく感じられるようになったのだから、不思議といえば不思議である。

もっとも、店の土地に憑いているピーはかなり手強い存在らしく、滝での商売を切り上げてからも、麺屋の経営は一向に好転しない。ラー同様に、夢の中で当たり番号のヒントを授けてくれるという「宝くじピー様」のご利益に、ひたすらおすがりしたい昨今である。

終章　放浪修行僧トォン師からの贈り物

結局、宝くじには当たらないまま雨季に入った。

六〜七月の田植えの時期が過ぎ、水を張った田んぼにはカエルやタニシがあふれるようになった。九月に入ると昆虫の繁殖期がやってきて、カブトムシやコオロギが食卓にアクセントを添える。増水した川では小魚やエビが大量に獲れ、畑の野菜も途切れることなく、とりあえず毎日のおかずには事欠かない。

放し飼いのカレン軍鶏《シャモ》は次々に雛《ひな》を孵《かえ》し、裏庭の砦用地を明け渡して新たに飼い始めた二頭の黒豚も、そろそろ食べ頃、売り頃だ。つい先日は、立て続けに三頭の仔牛が生まれ、今も三頭の雌牛が出産を控えている。十月末になれば、すぐに稲刈りが始まる。

麺屋でもくろんだ現金収入の方は相変わらず心もとないが、悲観したところで一バーツにもなりやしない。まあ、そのうちなんとかなるだろう。なんとかならなくても、別に地球が消えてなくなるわけでなし、この村にいればとりあえず飢え死にすることもなさそうだ。

毎朝配られる新聞などはなく、呆れたことに二ヶ月前に壊れたテレビアンテナの修理がまだ終わらないので、国内や世界の動きもよく分からない。それでも、インターネットは無線モデムで辛うじてつながるのだから、完全な浦島太郎になることもないだろう。なったところで、この村で生きてゆくにはなんの支障もないのである。

もっとも、いかにのんびりとしたタイとはいえ、国民の気分を大きく左右する政治・経済状況はさほど安穏としたものではない。

ここ数年におけるタイの国内政治は、大雑把にいえば首都バンコクを中心にした富裕・旧利権層と北タイやイサーン（東北部）を中心にした農民・貧困・中間・新利権層との対立構造にある。二〇〇六年には農民・貧困層の圧倒的な支持を受けたタクシン首相が軍事クーデターによって失脚し、その後再選されたタクシン派政権も、あの手この手の搦《から》め手で旧利権層の手によって覆されてしまった。この搦め手の中には、〝黄色シャツ〟と呼ばれる反タクシン派による国際空港占拠という直接行動も含まれていた。

ちなみに、タクシン元首相はチェンマイ出身の新興財閥華人で、貧困層や農民層に手厚い保護政策を施したため、北タイやイサーンでは非常に人気が高い（これが票集めのためのばらまき政策として批判された）。

オムコイでも、以前は見放されていた道路の整備、医療や教育の充実化などが急速に進み、さらには売人を射殺するほどの苛烈な麻薬撲滅作戦を展開したことで（これが強権政治と批判された）、今も「タクシン復帰待望論」はきわめて根強いのである。

ともあれ空港占拠などの混乱でタイを訪れる観光客が激減し、タイ経済は観光業界を中心に大きな痛手を被る。私の友人であるウイワットも実入りの少なくなったソンテオ（乗り合いタクシー）運転手を辞め、ホテルの送迎ドライバーに転職したのだったが、やがてその職も失うことになる。むろん、マイペンライ精神でなんとか乗り切ったけれど。

結局、タクシン氏周辺の利権行為が次々に暴かれ、タクシン派政権を担う政党も憲法裁判所からの解散命令を受けて、軍事基地内での密談により四十代のアピシット首相が誕生した。混乱した状況下で降って湧いたように生まれたこの若きリーダー、当然のごとくオムコイではケチョンケチョンの評判なのだが、客観的に見ればタクシン氏よりもはるかに清廉な政治家らしく、その立ち居振る舞いは颯爽としている。野次馬として同じニュースを見るにしても、どこかの国のように十年も二十年も顔触れの変わらぬ「リーダー」や「リーダー候補」たちの辛気くさい仏頂面や奥歯に物の挟まったような言い様を眺めているよりも、健康にはずっといい。

ところが、今度はこのアピシット政権がぐらぐらと揺さぶられる。〝赤シャツ〟と呼ばれるタクシン支持派が、「選挙で選ばれた政権を暴力や談合で盗んだ新政権など認めない」として、総選挙の早期実施を求めた直接行動を起こすのである。もしも総選挙を行えば、圧倒的多数を占める貧困・農民層に支持されたタクシン派が勝つというのがもっぱらの下馬評なのだが、総選挙の洗礼を受けていない議会はなかなか解散されない。業を煮やしたタクシン支持派は、なんとASEAN（東南アジア諸国連合）が集う予定の会場になだれ込んで会議を中止に追いやり、二〇一〇年春以降には首都バンコクの中心部を占拠して激しい抗議行動を展開、ついに治安部隊との武力衝突に発展して、日本人ジャーナリストを含む多数の死者まで出したことはまだ記憶に新しいと思う。

表面的にはにこやかな微笑をたたえていても、いざとなればその体の中に流れる南国の血は、濃く熱く沸騰するのである。話は少し逸れるが、女房が浮気の制裁に旦那の局所を切り取るという事件はこの国ではさほど珍しくない。

従って、議会制民主主義が根付いていないなどという批判を受けながらも、政治が実に分かりやすくなる。その手法は滅茶苦茶なのだが、「嫌なものは嫌なのだ」という自らの感覚と主張を命を張った行動につなげていく国民の姿勢は、数十年にわたって首相の首がころころとすげ替えられてゆく様をただ黙って見過ごし続けているよりも、はるかに人間的に見える。そういえば、昭和三十年代の日本にも、国会議事堂のまわりをデモ隊が埋め尽くす熱い直接行動の季節があったではないか。

それはともかく、この一連の混乱の中で経済活動も沈滞し、景気はさらに悪化した。北タイを例にあげれば、かつては海外からの観光客であふれ返っていたチェンマイや各地の観光地では、長らく閑古鳥が鳴き続けたのである。バンコクやチェンマイから遠く離れたオムコイにしても、当然景気沈滞の波からは逃れようもない。

二〇一一年七月になって、ようやく待望の総選挙が実施された。この結果、タクシン支持派が結集したタイ貢献党が、アピシット首相率いる民主党に圧勝。八月には、タクシン元首相の実妹インラック氏が史上初の女性首相に就任した。その政治手腕はまったくの未知数と評されるものの、得意とされる経済政策の行方に村の衆の期待も大いに高まったのだった。

ところが、その新政権の足をすくうように、今度は五十年ぶりといわれる大洪水が中部タイを襲った。数多くの日系企業が立地する工業団地が冠水し、その舌先がついには首都バンコクにまで及んだのである。死者の数も、五百人を超えた。この精神的・経済的ダメージは計り知れないだろう。

幸いなことに、わがオムコイではさほどの被害は出なかったものの、経済振興に関する期待は一気にしぼんだ。政策の焦点は、洪水被害復旧と復興に絞られた感があり、流通経路寸断等の影響による生鮮食料品やガソリン代の値上がりという厳しい現実だけが目の前に迫ってきたのである。最近では、大洪水の再来を懸念する中南部の富裕層が試験的にオムコイに移住する例も見られ、家賃や貸店舗代の値上がりももたらしていると聞く。

誰もが、暮らしは厳しくなる一方だと口にする。新しい産業が起こる気配もなく、若者を中心にして現金収入を得る道がなかなか開けないのである。たとえ、この先新政権の手で経済振興が成されたところで、潤うのは一部だけ、いずれはこの村でも厳しく税金を徴収されたり、あらゆる物価の高騰に見舞われることになるのではないかと未来を憂う村の賢人もある。

今のところ、明るい見通しなど何もない。それなのに、被災の前からずっと日本を覆ってきたような重苦しい雰囲気や閉塞感など微塵も感じられないのはどうしたわけか。

村の衆は相も変わらず朝から焼酎の献杯と下ネタを楽しみ、事あるごとに寄り合っては料理を相伴し、ほろ酔いで牛の世話や田んぼの草取りに出かけ、魚やカエルを獲り、鳥を撃ち、竹の子や茸《きのこ》を採る。祝い事があれば、古老を先頭に昔ながらの歌を歌い、優雅な手つきで踊りを舞う。そして、鶏鳴に目覚めればとりあえず火を熾《おこ》し、小臼で唐辛子をコンコンコンと搗き始める。

その心地よい音を聴きながら、私はふと考える。

人間の幸せなんて、こんなものなのではないか。とりあえず炉端に火があり、野山に命を養うべき食があり、ささやかでも今日なすべきことがあり、そばにうるさいほどの家族や親戚や友人・知人があり、飼い犬や家畜に囲まれ、辛うじて雨露をしのげる家もある。明日を思い煩ってもどうにもならぬのであれば、昨日までがそうであったように今日もまた淡々と一日を生き、些細な喜びや楽しみを分かち合う。

それで、充分ではないのか。

こうした漠たる想いをストンと腑《ふ》に落ちるものにしてくれたのが、わが村出身の高位放浪修行僧トォン師との出会いであった。

彼が三人の朋輩を引き連れてわが家にやってきたのは、二〇一一年二月末のことだった。戒律上、女人と肌を接するような狭い家には入れないというので、隣り合った一族の長老の家に腰を落ち着け、その軒先をわれわれが訪《おとな》うという形をとった。

彼は、私よりも少しばかり若い五十代半ば。もともと、山奥の電力会社で働いており、ラーのことは子供時代から知っているのだという。だが、出家以来三十年ほどラオスやカンボジア国境沿いの山奥を中心に歩き回って修行しており、ミャンマー国内にまで足を延ばすことも多いため、わが村に顔を出すのは十数年ぶりなのだそうな。

寺に居着いている僧とは違って浅黒く日焼けしており、きりりと引き締まった精悍な顔つき、体つきだ。よくよく見ればカマキリを思わせる凄みのある面相で、異形の人と言えるかもしれない。山奥を歩くときは、ほとんど野宿。口にするのも、果物や木の実くらいだという。頬が異様にこけ目つきも鋭いけれど、底にたたえた光はあくまで柔和である。その目が優しくラーを見やり、伝法な口調で語り始める。

「この人はなあ、娘時代から仏陀を敬う心の優しい女人だったが、口はとても悪くてねえ。怒りだすと手がつけられないくらいで、言い寄る若い衆が裸足で逃げだしたもんだよ。え、それは今も変わらない？　ワハハハ」

ラーが、顔を赤くしてうつむいた。僧侶の前では、実にしおらしいのである。

「しかし、久しぶりに見ると、実にいい目をしている。女人というよりも、修行した男のような強い光だ。うん、あんたは何かを持って生まれてきたのかもしれん。自分で、思い当たることはないかね？」

ラーが、戸惑ったように考え込む。

「そう言えば、動物によく好かれます。家には親戚や隣の家のものも含めて五匹の犬が棲み着いているし、飼っている豚や鶏や牛の心も分かるような気がします」

「ほほう、それは面白い。もしかしたら、動物を統べる力が備わっているのかな。世が世だったら、象や虎やワニの親分になれたかもしれんぞ。ワハハハ」

よく笑う坊さんである。少しばかり緊張していた私の心も、すぐにほぐれてきた。

「ところで、あんたは日本人だそうだが、去年のバンコクの騒乱で日本人の記者が亡くなって大変気の毒なことをした。日本の政府や日本人は、さぞや怒っていることだろうね」

「日本の政府は決して物事をハッキリ言いませんから怒っているのかどうか、われわれにもよく分かりません。私が知っている限り、国民に対してタイへの渡航を見合わせるようにとか、騒乱の場には近づかないようにといった通達を出しただけのように思います。そして、それを受けて、タイへの旅行を見合わせた日本人はかなりの数に上ったようです」

「ほほう、それじゃあタイを訪れる人が少なくなったのは、怒っているからじゃなくて、危ないからということなんだね」

「基本的には、そうだと思います。もちろん、バンコクでの経済活動に打撃を受けた企業関係者や、現地での生活に支障を来した人たちは多いに怒っているでしょうが、自らの意思で現場に入ったジャーナリストの死に対して、日本人全般が怒る理由はないような気がします。そして、相変わらずタイが好きで旅行にやってくる日本人もたくさんいるようです」

「なるほどねえ」

そこで、私自身も内心で「なるほどねえ」と深くうなずいた。普通の僧侶よりもはるかに厳しい修行を重ねているこの人物から見れば、あのジャーナリストの死は、日本政府や日本人にとっては「怒るべき」事件に思えたのである。だから、怒った日本人たちが自らの意思でタイに来なくなったと思い込んでいた……。あの騒乱に対し思いもかけぬ訪問者から思いもかけぬ視点を投げかけられて、物事にはいろんな見方があるものなのだなあと、改めて感じ入ったものだ。

日暮れ前に、四人の僧侶を町の寺まで送った。トォン師が別れ際に、ペンダント用の透明ケースに入った白い仏像を手渡してくれた。

「三十年間も山奥を歩いていると、いろんなありがたいことが起きる。今日、旧知のラーの夫となった日本人のあなたに会えたことも、そのひとつだ。どうかこれからも、日本とタイの代表として夫婦仲良く暮らしてほしい。日本人が怒っていないのだとしたら、時間が経てばいずれ観光客も戻ってくることだろう。それは、タイの経済にとってはとてもありがたいことだ」

日々山奥で修行しながら、国の経済やタイ日関係にも目を配るなかなかさばけた坊さんである。

家への帰り道、トォン師が私にくれた仏像をしげしげと眺めたラーが、

「アッ、これは凄い！　あたしがさっきもらったものより、ずっと高級品だよ」

これこれ、そこな女人。動物の心が分かるなどというわりには、俗なことを申す。

修行が足りぬぞよ。喝！


その数日後、トォン師から電話が入った。むろん、僧侶たちも寄進を受けた最新の携帯電話を使うのである。

「突然で申し訳ないが、もしも時間があったら、検問所そばの寺まで送ってもらえないだろうか」

彼は相変わらず村の家々を訪ねて説法を重ねているし、今日は小学校で生徒たちに仏教の話をし

たとも聞いていた。それが、急に別の寺から連絡が入り、今からでは他に運転を頼める人もいないのだという。

「有名な高僧からご指名があるなんて、ありがたいことだよ」

すでに、ラーは興奮気味だ。まあ、検問所ならわが村から三十キロ足らずだ。一時間少しで往復できると思い、気軽に引き受けた。小学校前で合流すると、先日の三人の僧侶も一緒である。

「バスならともかく、こんな狭いクルマの中に、女がお坊さんと一緒に乗るわけにはいかない」

ラーはそう言いつつ、仏教に関心を持つ三男のポーを早退させるために目の前の校庭に駆け込んだ。僧たちを車内に乗せ、自分は息子と二人で硬い荷台に座ろうというのである。ところが、大きな荷物を抱えた三人の僧は、委細構わずさっさと荷台に乗り込んだ。私は慌てて、近所の雑貨屋にゴザを買いに走った。

「雨が降りそうだから、ラーとポーは後ろの座席に座りなさい。肌さえ触れなければ、女人が僧と一緒に乗っても問題はないんだよ」

最後に助手席にどっかと腰をおろしたトォン師が、さばけた調子で「マイペンライ」と繰り返した。

検問所で道を尋ねると、あと六キロほどだという。細い舗装道の両側に唐松のような針葉樹が林立し、日本の北軽井沢を思わせる雰囲気だ。ところが、その舗装道はすぐに途切れ、山をブルドーザーで切り拓いただけの赤土のでこぼこ道に変わった。上り坂は四駆のローギアでしか進めないような、とんでもない山道である。そのうちに、大粒の雨が降りだした。油断すると、タイヤが横滑りする。六キロ過ぎたあたりで道を訊くと、「まだまだ、ずっと先だ」という。ときどき小さな集落は現れるものの、ほとんどが崖っぷちにへばりつくようにぽつねんと建ったカレン様式の一軒家である。

そんな雨に濡れた険しい山道を、下校する小学生たちが十人ほど固まって黙々と登っていく。三男のポーが、その様子を驚いたように眺めている。この厳しさに較べれば、わが村なんぞは大都会みたいなもんであろう。左手に視界が開けた途端、雨雲の向こうに折り重なった山並みの山頂とほぼ同じ高さにいることに気づいた。

「オホーッ！」

助手席のトォン師も、こんな山奥だとは知らされていなかったようで、驚いたような声をあげる。すでに二十キロ近く走っており、前方には細い赤土の道が貫く高い峰が見えるだけだ。その先は、向こうに連なる山並みとはるかな距離をおいて対峙する断崖絶壁という趣である。不安になって、道沿いの粗末な家の前で牛を追っている家族に声をかけると「あと半キロぐらい先だ」という。それにしても、よくこんな山上のどん詰まりで暮らせるものである。慎重に赤土の急坂を登りつめると、不意に整地された広場のようなものが飛び出してきた。その先は、思ったとおりストンと切れ落ちている。

クルマを、手前の崖っぷちに停めた。やれやれとひと息つくと、ひとりの老僧が笑顔でこちらに駆け寄ってくる。トォン師が「ありがとう」と覚えたての日本語で礼を言い、びしょ濡れになった三人の僧が荷台から降りて腰を伸ばした。

「いやあ、大変な道だったねえ」

無愛想に見えた若い太った僧が、ニコニコしながら声をかけてくる。トォン師が、われわれを老僧に紹介した。

「この人が、ここに瞑想用のお寺を造るというんで急遽手伝いに来たというわけなんだが、それにしてもすごいところに目をつけたもんだ」

周囲を見渡しながら、再び「オホーッ」と声をあげた。右手前方の崖っぷちに建てられた粗末な小屋に荷物を運ぶと、板張りの上には薄物が敷かれているだけだ。寝具も、見当たらない。

「野宿に較べると、楽なもんだよ。国境の山奥では二〜三日食べ物が手に入らないこともあるんだから、マイペンライ」

そう言いつつ、トォン師が煙草に火を点けて私に手渡し、自分もうまそうに深々と吸い込んだ。

「あれ、僧侶が煙草を喫ってもいいんですか?」

「儂《わし》くらいの年になると、問題ないんだよ。なにせ、山での一服はうまくてたまらんからねえ。あまり大きな声では言えんが、たまには酒を飲むこともあるんだよ。むろん、ほんの少しだけどね。言っておくけど、本当にほんのちょっとだけだよ。ワッハッハ」

いつもの笑い方が、さらに豪快になった。

はるか手前の集落からバイクで駆けつけた村の人に記念写真を撮ってもらうと、くわえ煙草で私の肩に右腕をまわし、すごい力でギュッと引き寄せた。雨はあがったが、すぐ頭の上に漂う黒雲から稲妻が断続的に走り、眼下の谷底に抜け落ちていく。時計を見ると、すでに五時半である。検問所からのおよそ二十キロを、一時間以上もかけて上り下りしてきたことになる。

「また雨が降りだすかもしれんから、そろそろ戻った方がいいね。われわれはしばらくここで寺づくりを手伝うが、もしも誰かが病気にでもなったらまた助けてもらえるだろうか？」

「もちろんです」

「まあ、儂の場合、いざとなったら腹を切る覚悟はできてるがね」

そう言いながら、刀を腹に突き刺してぐるぐると掻き回すような仕草をする。

「ははあ、サムライですか」

「そうそう、われわれ放浪修行僧はサムライみたいなもんだ」

ドーンと、また稲妻が走った。

「この御守りを持っていきなさい。これを身につけていれば、山の中の大雨も雷も平気だよ。ついでに、こっちの方にもよく効く」

金剛杵《こんごうしょ》に似せた小さな梵字《ぼんじ》入りの御守りを私に手渡し、ラーやポーには見えないように下腹のあたりで右手の人差し指をぴんと突き立てた。黄衣の袖から覗く日焼けした右腕に、蠍《サソリ》の刺青が垣間見えた。

それから二月ほどが経ち、日本の大震災を挟んでトォン師に再会した私は、この村で暮らし始めて以来、心から離れることのなかった人の生き死に関する惑いを迷わず彼にぶつけることになった。のちに、その問答が巻頭に掲げた一文として結晶したのである。

間もなくカオパンサー（雨安居《うあんご》入り。僧侶が寺にこもって三ヶ月間の修行を行う）の指導で国境近くの寺に入るというトォン師は、別れ際に私をがっしりと抱きしめ、耳元で、

「とにかく、しっかり飯を喰え。そして、女房をたっぷり可愛がれ。何かを重荷に感じたら、そんなものはどこかにひょいと置いてくればいい」

と、囁いた。

この村で生きてゆくことに、もう迷いは生じないだろうと思った。

＊

だが、人の生き死にというものは、さほど単純なものでもないようである。ありがたい高僧の教えが、なべての者に及ぶわけでもないらしい。

つい数日前のことだが、近所に住む親しい友人ウーポーが自ら命を絶ってしまったのである。彼女の小さな家はわが家の裏庭のすぐ脇にあり、寡婦《かふ》として長い間独り暮らしを続けてきた。わが家の東側に住まう隣家の太っちょ氏は実弟で、ひとり息子のティーワンは南部のリゾート地に出稼ぎ

に出ている。

私が彼女の突然の死を知らされたのは、チェンマイで所用を済ませて村に戻ってきた昼過ぎのことであった。その朝、チェンマイを出る前にラーとは電話で話す機会があったのだが、運転に差し障りが出ないようにとあえて伏せていたのだという。私と顔を合わせた途端、ラーは黙って私にしがみつき、それから顔を背けるようにしながら水浴び場に駆け込んで激しく泣いた。強い女は夫に涙は見せない。それが、彼女の一応の信条なのである。

身を絞るような嗚咽《おえつ》を遠くに聞きながら胸に浮かんだのは、かつて私に大蛇料理を振る舞ってくれたニコダンの笑顔だった。彼はラーの同級生であるスージャの夫で、「いつもニコニコしている旦那だなあ」という印象が強く、この渾名《あだな》をつけて親しんできた。ところが、いつの間にかクスリに手を出すようになり、スージャに暴力をふるうようになった。ついに離婚話にまで発展し、そのドタバタ騒ぎのなか、ある朝唐突に首をくくって果てたのである。

彼らの家も、わが家の目と鼻の先にある。わずか一年足らずの間に、半径二十メートル以内の狭い範囲で二人の縊死者《いしい》が出た。これは一体、どうしたことだろう。

呆然と店先に突っ立っていると、ラーが水で洗った顔を拭いながらそばに寄り、混乱した様子でぽつぽつと語り始めた。

ウーポーは前夜、いつものようにわが家にやってきて料理の手伝いをしたり、体調の悪いラーのマッサージをしてくれた。そのときは普段どおりの様子だったらしいのだが、帰り際に珍しくラーの健康や私たちの夫婦仲に関して長いお祈りをしてくれたのだという。

そして今朝方、従姉のメースアイがいつものように彼女の家を覗いて梁《はり》からぶらさがっている彼女を見つけ、真っ青な顔でわが家に駆け込んできた。それからは蜂の巣をつついたような騒ぎになり、警察を呼ぶわ、村長を呼ぶわ、僧侶を呼ぶわ……。弟の太っちょ氏は、ただ呆然として「家族はどこだ?」という警官の問いにも名乗りをあげることさえできなかったらしい。

途切れ途切れの話を聞きながら、出稼ぎに出ているティーワンのことを思った。彼はまれに見る孝行息子で、乏しい給金の中から毎月欠かさず仕送りをしている。ウーポーは重度ではないが阿片吸引の常習者で、決まった仕事もせずにぶらぶらしていたのだが、息子のおかげで喰うに困るという話は聞いたことがない。弟である太っちょ氏の田んぼで穫れる米の中からも、時おりの農作業の見返りにかつかつ一年分は分けてもらっていたようだ。おかずがなければわが家や近隣の家で食べることができるし、時たま小遣いに困ると、わが家の草取りや薪割りなどを買って出てくれていた。

だから、経済的な理由ではないと思う。

それならば、なぜ、オムコイを遠く離れて仕送りを続けている息子のことを考え、踏みとどまってくれなかったのか。それを思うと、哀しみよりも先に怒りの方が湧いてくるのだった。

だが、ラーに言わせればそれらしい前兆はあったのだという。このところ何となく心が弱っているような感じがあり、何度か死にたいと洩らしていたというのである。相変わらずカレン語を解せない私には、微妙なところはよく分からない。ただ、そう言われてみれば酔っぱらってめそめそと泣きだしたりすることもあったけれど、それは阿片をやめるための更生所に収容された前後のことであり、別のクスリも少しやっているという噂も聞いていたので、禁断症状でも出たのかと、さほど気にも留めていなかったのである。

普段の彼女はとても陽気で、私によく「これは日本語でなんと言うの？」と尋ね、歌うように何度も繰り返していた。ラーのやんちゃな振る舞いに対しては、「ナッケー（困ったもんだ）」と呟きつつ、私の顔を見ながら目を細める。ラーの具合が悪いと聞けば、すぐにわが家にやってきて手伝いをしてくれるし、マッサージもしてくれる。十数年前ラーの夫が急死したときには、付きっきりでショック状態のラーや子供の面倒を見てくれたともいう。

毎晩のように台所で焼酎を酌み交わし、丸盆を共に囲み、食後には床に寝転んで一緒にテレビも観た。私たちがオムコイを離れているときには、元気や雄太の面倒も見てくれた。その彼女が、突然消えてしまった。

私は、毛布にくるまれた彼女の死に顔をまともに見ることができず、通夜もそこそこに引き揚げて、ふとんにもぐり込んでしまった。なぜか、哀しくはない。

ただ、わが家の台所に彼女の笑顔がないことを、ひたすらに寂しいと思った。

親族たちは、翌日の火葬を取り決めた。仏教徒の場合、通常は二～三日の通夜を執り行うのだが、自殺となればそれも仕方のないことなのだろう。ニコダンなどは、余所者《よそ》で自殺、しかもスージャに暴力をふるったことが嫌われてか、通夜も火葬もないままその日のうちにバタバタと土葬に付されてしまったのだった。

だが、急報を受けたティーワンは、まだ移動の途中だ。翌朝になっても、戻ってこない。叔父の太っちょ氏は飛行機を使うように勧めたというのだが、彼にとてもそんなゆとりはなく、太っちょ氏がそれを支払ってくれるわけでもないらしい。マレーシアに近い南部から、ひたすら汽車とバスを乗り継いで来るしかないのである。

それでも、火葬はあくまでティーワンが戻ってから、午後一時過ぎになるだろうと聞かされていた。そこで、午前中に町で用事を済ませ昼前に顔を出すと、なんと棺が消えている。太っちょ氏が、ティーワンを待たずに野焼き場に運んでしまったのだという。用意されたクルマは二台しかなく、乗り切れなかった人たちが地べたに座り込んで駄弁《だべ》っている。酔いつぶれて、地べたに寝転がっている男衆も何人か。若い衆は、木に張り巡らせた通夜用蛍光灯のコードを回収している。

「なんで電話しなかったんだ?」

ラーに問えば、何度かけてもつながらなかったのだという。確かめると、迂闊《うかつ》にも携帯のバッテリーが切れていた。

「そのうちに戻ってくるはずだから、せめてみんなが乗れるようにクンターのクルマを待ってちょうだい」

ラーは強くそう主張したらしいのだが、太っちょ氏はなぜか頑なだったという。

「じゃあ、これから後追いしよう」

「それは、駄目だよ。みんなで一斉に行くのがしきたりなんだから、あとはここで待つしかない」

仕方がないから、炎天下若い衆に交じって大汗をかきながらテントの撤収作業を手伝った。何がどうなったのか、昼が過ぎても、夕方になってもティーワンは戻ってこない。いくらかけても、電話が通じない。やむなく晩飯を済ませると、ラーがウーポーの家に行こうと言いだした。

「だって、もう火葬も済んじまったんだろ」

「誰もいない寂しい家に、ティーワンを迎えるわけにはいかないでしょ」

囲炉裏に火を入れて待つうちに、村の衆が三々五々集まってきた。女衆が巨大な鍋にコーヒーや砂糖やミルクを放り込んで、煮込みコーヒーをつくる。古老たちが焼酎を酌み交わし、若い衆は恒例の賭けゲームを始める。外では、焚き火を囲む人たちもいる。

やっと、村の通夜らしい賑やかな雰囲気になってきた。酔っぱらった古老のひとりが、太っちょ氏の家の方に顎をしゃくりながら抑えた声で言う。

「こうやって、二〜三日かけて通夜をやるのが普通なんだよ。いくら自殺だからって、息子の帰りも待たずに火葬するなんてことは、ちとよろしくない」

誰もが同じような想いだったらしく、集まってくる人の数は増えるばかりである。それなのに、太っちょ氏の家族は顔を出しもしない。やはり、自殺ということに戸惑いや怒りや恥じらいがあるのだろうか。すでに酔っぱらい続出の八時前にティーワンから電話が入り、あと一時間くらいで着くという。時間が遅くなってチェンマイ発のバスに乗ることができず、ソンテオ（乗り合いタクシー）を乗り継ぎ、道を通りかかるクルマやバイクを停めては同乗を頼み込んで細切れに進んできているようだ。だが、どういうわけか待てども待てどもやってこない。十時を過ぎたので、いったん横になることにした。

ラーに起こされたのは、深夜一時過ぎである。朦朧《もうろう》としたまま前庭に顔を出すと、酔ってふらふらになったティーワンが深々とワイ（合掌礼）をしたあとで、ストンと腰を抜かすように地べたに座り込んだ。彼が村に着いたのは十一時前で、着いたときにはもうかなり酔っていたらしい。母親の死に顔を見られなかったことにひどいショックを受け、叔父の太っちょ氏との間にひと悶着あったのだという。さもありなん。だが、こちらにはかける言葉もない。ラーと二人で引きずり起こし、黙って肩を叩いた。

寝不足の朝がくると、酒気を帯び目を泣き腫らしたティーワンが家を壊すと言いだした。そして、その廃材はわが家の薪や牛小屋の材として使ってほしいという。

「そんなことしたら、戻ってくる家がなくなるじゃないか」

だが、あさっての月曜日には出稼ぎ先に戻り、もうここに住むことも帰ってくることもないのだと言い張って、頑なに首を振り続ける。せめて、通夜をもうひと晩延ばしてくれていれば、こんなことにはならなかったかもしれないのだが、太っちょ氏には太っちょ氏なりの想いや事情があったのだろうと考えるしかない。

なんだか、とても辛いことになってきた。

火曜日になっても、亡くなったウーポーの家はまだそのまま残っている。

おとといの日曜日には、ティーワンが「もうひと晩、この家で過ごしたい」と言いだし、昨日は激しい雨で取り壊しは中止になった。その間、村の衆が入れ替わり立ち替わり顔を出し、焼酎を酌み交わしたり、トランプゲームをしたりして、そのうちの何人かが泊まり込む。誰もいなくなると、すかさずラーが甥っ子のジョーや息子を引き連れて家に上がり込み、ティーワンをひとりにしないように気を配った。ウーポーに可愛がってもらった元気と雄太は、ここ数日、ティーワンと一緒に眠っているらしい。

村に戻って以来、いや南部で急報を受けて以来、ティーワンは浴びるように焼酎を飲み続けている。そして、集まった香典や遺品の象牙を独り占めにするわ、土地の登記証は渡さないわと、傍《はた》から見ても冷酷すぎる態度を示し続ける叔父の太っちょ氏と激しい諍《いさか》いになる。昨日などは、怒り狂ったティーワンが猟銃を持ち出して太っちょ氏に突きつけ、村の衆に取り押さえられるという一幕もあったようだ。むろん、実弾は込められていなかったのだが……。

村長に調停に入ってもらうようにも勧めてはみたが、「もう何も欲しくない。ただ、あいつをぶっ殺したい」と血走った目で物騒なセリフを呟くばかりだ。朝方、彼が泥酔して眠っているうちに、ポケットにしまっていたはずの五百バーツ札が消えてしまうという事件も起きた。

いくら言っても、まともな食事を摂ろうとしない。昨夜は無理矢理わが家に引っ張ってきて、三日ぶりの水浴びをさせ、これまた無理矢理晩飯を喰わせた。少し酒気が抜けたところで、声をかけた。

「気持ちはよく分かるけど、いつまで酔っぱらっていても仕方がない。せっかく出稼ぎで稼いだ金を、タダ酒目当てに集まってくる連中に無駄に振る舞ったり、賭けゲームで失ったり盗まれたりしていては母さんも哀しむだろう。そろそろ気持ちを切り換えて、次のことを考えてみないか」

しばらく考え込んでいたティーワンが、顔を上げた。

「いろいろ迷惑をかけて、すみません。ようやく、目が覚めました。明日、鶏をつぶして母親を弔い、それから家を取り壊して出稼ぎ先に戻ります」

「やっぱり、家は壊すのかい?」

「はい。そうしないと、いつまでも心が残ります」

供物の二羽の鶏はわが家からのタンブン(寄進)ということにして、さっそく甥っ子のジョーが鶏探しに走った。

今朝になって顔を合わせると、驚くほどさっぱりした顔をしている。前庭に簡単な祭壇をこしらえ、お盆の上に供物を供えて近所の衆数人と共に改めてウーポーの冥福を祈った。それから、全員で鶏鍋を囲む。食前の焼酎献杯も、きわめて控えめなものだった。ティーワンの顔にも、時おり笑顔が覗く。出稼ぎに出ている南部のリゾートの話も出るようになった。母親の死に顔も見られず、火葬にも立ち会えなかった彼にとっての通夜と葬儀が、ようやく終わったのかもしれなかった。

家の解体を手伝うために、まだ数人の村の衆が居残っているが、雨はなかなか上がらない。いずれにしても、彼の新しい出発は間近だろう。

これからは、わが家が彼の帰省先になる。


それにしても、と思わざるを得ない。生きるということは、なんと厄介なことなのだろう。そして、唐突な人の死は、遺された者の生をさらに厄介なものに変える。こうした人の生き死ににまつわる相克と葛藤は、この村だけに限ったことではあるまい。だが、今どきの日本では仮面のような無表情の陰でひそかに進行するであろうはずのそれらが、この村では剥《む》き出しの荒々しさをもってあからさまに人の面《おもて》と心とを叩くのである。この村での生き直しに賭けた遺された者のひとりとしての私は、その現実の重さと激しさの前でただただたじろぐばかりだ。

むろん、ウーポーの死にも、そしてニコダンの死にもなんらかの形でクスリというものが絡んでいることは間違いないだろうと思われ、一列には言い難いとはいえ、人の死という厳粛な事実の前にはどんなごまかしも許されないだろう。

つい先日までの私は、この村を飢え死にも孤独死も出さない心豊かな場所として位置づけてきた。だが、ウーポーの死とつぶさに向き合った今、それが一種の孤独死と考えられなくもないという想いにたどりついて、悄然と声を失うのである。

なぜ、ラーと共に予兆を素早く感じ取り、なんらかの形で手を差し延べることができなかったのかという深い悔いも残る。

だが、少なくとも遺された村の衆たちは、ウーポーの死を粛然と、かつ淡々と受け止め、いつもと変わらぬ陽気な態度とやり方で彼女の死を弔い尽くした。手ひどい遺され方をしたティーワンを決してひとりにすることなく、彼の酔眼を醒まさせるようなゲーム賭け金の巻き上げや小さな盗みという荒っぽい仕業をも含めて、彼の哀しみと乱行に寄り添い尽くした。

不信心な私は、死は単純なる肉体の消滅、すなわち生誕前の無に帰することではないかと考えている。霊魂の存在についても、まだ明確な答えは出ていない。だが、逝った者の深い想いだけは、遺された者の肺腑に錐揉《きりも》みのように深く鋭く刻み込まれ、遺された者のその後の生の根底の部分を激しく揺さぶりながら支えてゆく。私自身のささやかな体験から、少なくともそれだけは確信をもって言い切れる。

だから、ウーポーの死を救いなき孤独死とみなすことは、もう止しにしよう。彼女もまた遺された者のひとりとして彼女なりの五十年の生を全うし、彼女なりの想いを息子や村の衆に伝えつつ空に昇っていったのだと信じよう。

いかに惑い多き私とはいえ、トォン師との出会いを果たしたあとの今なら、旅立つティーワンに向けて迷わずこう声をかけることができると思うのだ。

「遺された者こそ喰らえ、遺された者こそ笑え、遺された者こそ愛せ」と。

そうして私もいずれ、この村のあの雑木林で、野焼きの炎と煙に包まれながらスコンと突き抜けた青空の中に還っていくのである。

あとがき

この原稿がひととおりの形を成したあとで、日本を東日本大震災が襲った。たまたまテレビニュースを見ていたラーからの急報でネットをつないでみると、想像をはるかに超えた被害状況が刻々と伝わってくる。日本から遠く離れたオムコイの地が、一瞬ぐらりと揺れるような錯覚に囚われ、背筋に悪寒が走った。

それからのことは、私には何も語る資格がない。言語に絶する惨状を横目に、村での日々の暮らしに追われていただけなのだから。このような状況下にあって、タイの山奥での暮らしを綴ることに一体どんな意味があるのだろう。少なからず、逡巡《しゅんじゅん》、煩悶《はんもん》した。

そんなとき、トォン師がまたふらりと村に戻ってきた。むろん、彼との対話は英語がさほど得意でもないラーの通訳なしには成り立たない。あちらに飛び、こちらに飛び、訊きかえし、尋ねかえし、どうにも意味が分からず頭を抱え、夜も眠れぬほどに考え込み……。それでも切れ切れに繋がってきた彼の言葉の意味するところは、驚くべきことに、私がこの原稿を書き始める前に走り書きした一行の主題メモにほぼ重なり合うものだった。

ある夜、彼がくれた金剛杵《こんごうしょ》のような形の小さな御守りが、巨大に膨れ上がって稲妻を断ち切る夢を見た。嘘のような本当の話である。目覚めると、トォン師の存在そのものが私に乗り移ったかのように、彼の言葉が私の中であふれ、形を成し、流れ出した。それは、私がこの身で体験した生まれて初めてのピー現象なのかもしれなかった。そして、巻頭の一文をなんとか書きあげたことで、自身のささやかな体験と生き直しに向けた迷走ぶり、すなわち村での暮らしを綴る行為を改めて自分の中で認めることができるようになったのだった。

本文中のタイ語およびカレン語表記については、不勉強なせいもあって微妙な発音をカタカナに直すことがなかなか難しい。忠実にカタカナにすると、普段聞いているのとは別の言葉のように感ずるケースも多い。そこで、できるだけ日常的に耳に馴染んだ音に近づけるよう心がけたことを付記しておきたい。

この本が生まれるまでには、長い時間と多くの人々の力添えが欠かせなかった。とりわけ、初期原稿の段階から目を通していただき、数々のアドバイスをいただいた田村美奈氏と油井《ゆい》昌樹氏のご協力がなければ、現在の形を成すことはなかっただろう。

また、旅人としてオムコイの地を訪れ「最初の読者になります」と力強く手を握ってくださった翻訳家の和田穹男《たかお》氏には、そのご縁で、あろうことか出版の橋渡しまでしていただくことになった。

オムコイの自然をテーマに、独特の力強いタッチで表紙画と装丁を手がけてくださったのは、絵本・挿絵・イラスト・漫画と幅広い画業を展開されている塚本やすし氏である。

仏の世界に造詣の深いイラストレーターのみうらじゅん氏より、身に余る推薦のお言葉を頂戴したことも、望外の喜びとなった。

むろん、晶文社各位の蛮勇とも思えるご決断と後押しがなければこの本が世に出ることはなかった。久しく日本を離れている浦島太郎のごとき無名の老新人を起用してくださったことに、改めて感謝申し上げたい。

そうして、これからはこの本を手に取ってくださった読者の方々に新たなるお力をいただくことになる。なんという幸せだろう。

さて、今の私にできる恩返しといえば、ラーの特製クッティアオをつまみに村の薬草入り焼酎をたっぷりと味わっていただくことぐらいしかない。これまでお世話になった方々、そして読者の皆様に向けて、とりあえずはこの場を借りて献杯！

二〇一二年三月

オムコイにて　吉田　清

吉田 清（よしだ・きよし）

1952年、熊本県山鹿市生まれ。早稲田大学第二文学部中退。広告・編集プロダクションを経てフリーライターに。2003年、『山鹿八千代座復興“烈”伝』（未刊）にて、第1回開高健ノンフィクション賞候補となる。2007年、タイ北部のカレン族集落に住み着く。牛飼い＆麺屋の亭主。著書に『アリコ妥協なき改革』、共著に『上海を制するものが世界を制す！』（共にダイヤモンド社）などがある。

http://blog.goo.ne.jp/ikukiyo/

本文写真：吉田 清